# ÉGALITÉ, C'EST JUSTICE !

## OU

## QUESTION DE VIE OU DE MORT

POUR

## LA DIGNITÉ HUMAINE

PAR

## CHARLES CIVAL

---

« Il n'y a de vraies révolutions que les
« révolutions d'idées. »

( JOUFFROY. )

« L'égalité approche ; déjà nous n'en
« sommes séparés que par un court inter-
« valle ; demain : cet intervalle sera
« franchi ! »

( PROUDHON. )

---

MARSEILLE

IMPRIMERIE COMMERCIALE J. DOUCET

7, rue Moustiers, 7

---

1869

# PRÉAMBULE

—∾∾—

> . . . . . . Quand je regarde avec exactitude
> L'inconstance du monde et sa vicissitude ;
> Lorsque je vois, parmi tant d'hommes différents,
> Pas une étoile fixe, et tant d'astres errants ;
> Quand je vois les Césars, quand je vois leur fortune;
> Quand je vois le soleil, et quand je vois la lune :
> Quand je vois les États des Babiboniens
> Transférés des serpents aux Nacédoniens ;
> Quand je vois les Lorrains, de l'état dépotique,
> Passer au démocrite, et puis au monarchique ;
> Quand je vois le Japon. . . . . . . . . .
>
> ( J. RACINE. )

—◁▷◇◁—

Mon attention réveillée naguère par une allégation contre l'*égalité*, présentée à une Assemblée générale de la Ligue Marseillaise de l'Enseignement, par M. Jamet, chef d'institution, et sous la présidence de M. De Pleuc, avocat, j'ai voulu, à mon tour et en ma qualité de Membre de cette Société, jouir du droit de dire mon avis sur cette importante question. Je n'ignorais pas, je l'avoue, qu'en présentant ma requête, je m'exposais inévitablement à la réprobation, au refus, au mépris, à la colère, à la vengeance, c'est-à-dire à la transaction de coterie, à l'esprit de caste et à la cabale de ceux desquels je venais ouvertement et audacieusement briser les plus chères idoles et détruire des préjugés qu'ils aiment et qui les fascinent; mais seule la vérité m'est chère et j'ai surmonté tous les déboires pour essayer de la faire connaitre (1).

---

(1) Il serait beaucoup trop long d'exposer ici toutes les réponses évasives et ambiguës, les faux-fuyants, les ruses, les bougreries, etc., auxquelles le comité administratif de la Ligue Marseillaise de l'Enseignement a eu recours pour m'empêcher de parler. Je ne veux citer qu'un fait pour montrer le parti-pris de ce Comité contre les pionniers de l'équité, de la justice et de l'égalité : A la sortie de l'assemblée générale (Assemblée d'orageuse mémoire), qui a été tenue le 21 Mars dernier, dans le local de l'Eldorado, un des membres du Comité s'est oublié au point de prononcer à haute et intelligible voix, ces absurdes et ignobles paroles : — Le jour n'est

Il n'est pas inutile d'ajouter ici que le discours anti-égalitaire de M. Jamet se trouve résumé dans cette phrase : L'inégalité est un principe normal, une loi générale de la nature dont l'égalité n'est que l'exception. En conséquence de ce principe, le savant précité assure que les fonctions sociales étant naturellement hiérarchisées, il est très naturel que la hiérarchie existe entre les fonctionnaires et partant entre les capacités. Cet amour que M. Jamet témoigne si naïvement pour la hiérarchie, me rappelle ces bonnes gens dont parle Voltaire et « qui croient voir le pape et ses cardinaux suivis des archevêques, des évêques ; après quoi viennent les curés, les vicaires, les simples prêtres, les diacres, les sous-diacres ; puis paraissent les moines : et la marche est fermée par les capucins. »

Charles CIVAL.

---

pas très loin, j'espère, où la potence et la guillotine feront justice à tous ces *blagueurs* de positives, socialistes et libres penseurs. — Ainsi voilà donc ce que certaines gens nous réservent, à nous qui ne désirons et ne demandons cependant que la Conciliation universelle ! Voilà comment ils chérissent et respectent la vérité ! Voilà comment ils entendent et pratiquent la liberté !!!

> *Voilà la bonne foi, le zèle vertueux,*
> *La justice et l'honneur que l'on trouve chez eux !!!*

# ÉGALITÉ, C'EST JUSTICE !

## OU

## QUESTION DE VIE OU DE MORT POUR LA DIGNITÉ HUMAINE [1]

**Samedi 20 février 1869** (2).

..........................................................................................
.............................................................................................
................................. jusqu'à présent tous ceux qui ont été mis en demeure de parler de *l'égalité*, ont eu le regrettable travers d'esprit de faire synonyme et de confondre ce mot avec celui *d'identité* : de là cet insuccès de leurs pitoyables élucubrations. Il est donc de la plus haute nécessité de distinguer *l'identité* de *l'égalité* et de donner enfin une complète définition de ces deux termes. Et tout d'abord, il faut entendre par *identité*, cette qualité qui fait qu'une chose est la même qu'une autre ou, si l'on préfère, que deux choses ne sont qu'une ou, mieux encore, que plusieurs choses, n'ayant entre elles aucune différence, aucun caractère ou signe distinctif, sont exactement pareilles; parfaitement semblables ; essentiellement, fondamentalement ou radicalement indéterminables.

Précisons notre pensée par quelques exemples : — Il y a *identité* de poids entre un gramme et un gramme ; *identité* d'espace entre un mètre et un mètre ; *identité* de durée entre une seconde et une seconde; enfin un franc est complètement identique à un franc. — La division mécanique d'un corps quelconque produit une infinité de corpuscules absolument *identiques* entre eux, et, de plus, chacun d'eux forme un tout absolument *identique* aux corpuscules intégrants du corps orignaire (3). — Contrairement aux individus de l'espèce humaine, il y a *identité* de génie entre un ver-à-soie et un ver-à-soie ; *identité* de génie entre une fourmi et une fourmi ; *identité* de génie entre une abeille et une abeille ; *identité* de génie entre une araignée et une araignée ; *identité* de

---

(1) Fragments de divers mémoires sur l'Égalité, lus au siége de la Ligue Marseillaise de l'Enseignement.

(2) Toutes ces communications ont été faites sous la présidence de **M. Thourel.**

(3) Les savants et les philosophes entendent par *identité* : une homogénéité et une indivisibilité absolues ! ce qui est justement le contraire de la raison et de la vérité.

génie entre une hirondelle et une hirondelle; *identité* de génie entre un castor et un castor ; etc.

De ces explications se dégage naturellement cette double formule : *unité dans la multiplicité* ou *identité dans la pluralité.*
Arrivons maintenant à la définition de *l'égalité* au point de vue de l'ordre social. Le mot *égalité*, d'après son acception la plus raisonnable et la plus juste, doit toujours représenter à l'esprit *une parité absolue de valeur entre des qualités diverses, voire même disparates* ou, en termes différents : *l'équivalence dans la variété.* C'est ainsi qu'on peut dire, de divers objets possédant des qualités entièrement opposées, qu'ils sont, néanmoins, d'une parfaite égalité de valeur.

— Pour nous donc et socialement parlant, la véritable égalité n'existe que dans cette équivalence de valeur ou de mérite que l'on constate entre deux ou plusieurs hommes, ayant des goûts versatiles, des qualités différentes, des aptitudes dissemblables, etc., et remplissant, par conséquent, des fonctions diverses mais convergentes : et recevant enfin le même salaire. — Il y a non identité d'intelligence, mais équivalence et partant égalité de capacité entre un peintre et un mathématicien, entre un musicien et un agriculteur, entre un navigateur et un savant, entre un ouvrier digne de ce nom et un poète, un littérateur, etc.— Comme l'a fort bien dit Bossuet : « les doigts inégaux entre eux s'égalent pour embrasser ce qu'ils tiennent. » Observons toutefois que l'illustre orateur-philosophe dirait aujourd'hui, que : les doigts sont *différents* entre eux et non *inégaux*, puisque, en effet, et relativement à leurs fonctions respectives, à leur association ou à leur utilité, nous estimons réellement les uns à l'égal des autres. — ............ ...............
.................................................................................

Ainsi, Messieurs, voilà qui est parfaitement entendu : *identité*, c'est conformité, uniformité, communauté, invariabilité, monotonie, similitude, incomparabilité, indifférenciation, insociabilité, répétition, redoublement, multiplication, symétrie, confusion ou, pour me servir de l'heureuse expression de Voltaire : *mêmeté.* — Tandis que : *égalité*, c'est variété, diversité, harmonie, cadence, rapport, accord, équation, échange, amitié, association, émulation, liberté, solidarité, réciprocité, responsabilité, ressemblance, contraste, polarité, balancement, comparaison, compensation, équivalence, fonction, sanction, enfin analogie ou opposition de beauté, d'agrément, de force, d'agilité, d'adresse, de savoir, de talent et de génie ...................................................................
..............................................................................
......................................................................
...................................................................

**Samedi 27 février 1869.**

Des égaux ! dès long-temps Mahomet n'en a plus !

( VOLTAIRE ).

M. Barthelet annonce péremptoirement qu'il n'existe aucun *mètre spirituel* susceptible de mesurer l'étendue ou la profondeur de l'activité intellectuelle de l'homme ; car, ajoute-t-il, l'intelligence humaine est incommensurable ! et, par la plus étrange inconséquence, ce même M. Barthelet affirme, non moins péremptoirement, que, dans la Société, les hommes sont irrémédiablement négaux en intelligence. — Pourquoi donc l'inégalité intellectuelle entre les hommes est-elle irrémédiable ? — Parce que, répond M. Barthelet, les fonctions sociales ne présentant pas le même degré de noblesse ou d'élévation, il faut qu'il y ait nécessairement inégalité de capacité entre les fonctionnaires. — D'après quelle loi la considération de la fonction l'emporte-t-elle, aux yeux du législateur, sur la considération du fonctionnaire ? — Je ne sais, réplique intrépidement M. Barthelet, mais ce qui est irrécusable, c'est que la Société actuelle ne peut donner à tous les hommes la parfaite intégrité de leurs facultés ou établir ces facultés dans la plénitude de leur puissance et de leur action, sans se compromettre, sans se révolutionner, sans se détruire.

Quel superbe raisonneur que ce M. Barthelet ! et quelle sanction de justice il possède ! (1).

.......................... . J'en suis émerveillé
Comme l'eau qu'il secoue aveugle un chien mouillé !
.......................................................
.......................................................
.......................................................
.......................................................

---

(1) Regardez autour de vous : que d'aptitudes déplacées et, par conséquent, dépravées ! Que d'activités devenues turbulentes, faute d'avoir trouvé leur but légitime et naturel ! On force nos passions à traverser un milieu impur ; elles s'y altèrent : Qu'y a-t-il de surprenant à cela ? Qu'on place un homme sain dans une atmosphère empestée, il y respire la mort.. . (LOUIS BLANC).

## Samedi 13 Mars 1869.

Agir, c'est vivre.

(FEUCHTERSLEBEN).

........................................................................
.. ....  ...................................................... .
......  ..........  ..................................... ..........
........... ................. .......................................

...... Mais poursuivons. Il serait, en outre, bien difficile à
M. Barthelet, de nous donner la moindre preuve de cette autre
proposition qu'il avance cependant sans hésiter, que : contrairement
à la force intellectuelle, la force physique peut se mesurer avec la
précision la plus parfaite à l'aide de divers instruments créés dans
cet unique but. Or, ces instruments accusant chez les hommes,
d'après M. Barthelet, la plus grande inégalité de puissance corporelle, donc, conclut notre terrible argumentateur, il y a évidemment une très grande inégalité de capacité physique entre les
hommes ; donc encore et sur ce point, les hommes sont foncièrement
inégaux.

Nous allons voir, Messieurs, que cette proposition de M. Barthelet est, en réalité, beaucoup moins sérieuse que spécieuse. Nous
savons tout aussi bien que M. Barthelet, que pour mesurer la
force musculaire de l'homme, on a imaginé divers appareils
dynanométriques, composés de ressorts ou de balances à leviers
inégaux. Les *têtes de turc* que l'on voit dans les foires, etc., etc.,
et sur lesquelles la personne qui veut éprouver sa force doit
asséner un maître coup de poing, représentent un dynanomètre de
ce genre. Celui que Buffon fit construire par le mécanicien Régnier
est d'une précision plus grande. Il consiste en un ressort ovale,
dont les deux lames se rapprochent lorsqu'on tire les deux extré-
mités en sens contraire ; une aiguille, qui parcourt un cadran
divisé, indique la force de traction exercée sur ce ressort.

On a constaté, avec cet instrument, que l'effort musculaire d'un
homme, tirant des deux mains, est d'environ 55 kilogrammes.

Or, et pour ne parler que du dynanomètre de Régnier, celui à
*tête de turc* étant moins parfait, je conviens qu'à l'aide de ce
précieux instrument on puisse assigner la limite relative d'une des
nombreuses faces de la puissance virile en activité ; mais cela ne
prouve absolument rien contre l'identité de la puissance dynami-

que dont ; selon moi, tous les hommes sont naturellement doués. Toutefois, et pour rencontrer plus sûrement la vérité, jetons d'abord nos regards sur les résultats de l'expérience : — Si la force de traction de l'homme est, comme l'assure Régnier, de 55 kilogrammes et si, comme le croient aujourd'hui quelques physiciens en renom, le poids du corps de l'homme est, en moyenne, de 63 kilogrammes : (1) Le rapport du poids que l'homme peut tirer, au poids de son corps, est donc de 0,86. Seulement. — Il découle arithmétiquement de ces faits, qu'il est impossible à l'homme de parvenir à tirer le poids de son corps. J'avoue, Messieurs, qu'un résultat si simple et si palpable me parait être sans réplique. D'un autre côté, l'expérience nous montre que tout homme bien constitué peut par un exercice assidu, parvenir à tirer le poids de son corps, lequel, avons nous dit, pèse en moyenne 63 kilogrammes. J'avoue également, Messieurs, que cette vérité me paraît reposer sur une base aussi solide que la précédente. Vous m'objecterez, sans doute, Messieurs, que la première conclusion contredit, la seconde et *vice versa* ; il n'en est rien cependant, et cette contradiction si flagrante en apparence, disparait dès qu'on y regarde de plus près. Quelques explications sont ici nécessaires : comme nous l'avons précédemment remarqué, les animaux reçoivent de la nature, un instinct déterminé à un genre d'art ou d'industrie particulier, qui les guide promptement et invariablement dans la poursuite de ce qui leur est indispensable pour se conserver et se défendre ; ils sont donc naturellement munis d'organes ou instruments de travail uniquement propres aux opérations qui leur sont convenables et desquelles ils ne dévient jamais. C'est ainsi que l'abeille, par exemple, n'est pas instinctivement poussée à construire une cellule, mais une cellule hexagonale : l'oiseau n'a pas l'instinct de faire un nid, l'instinct de chanter : mais de faire tel nid ; de chanter telle chanson. Or, il n'en est nullement ainsi de l'homme : la nature ne l'a pas borné à un seul genre de travail, ou à un ordre particulier d'opérations ; il possède un art universel qui lui tient lieu de tous les arts particuliers, et le rend capable de

---

(1) « Le poids moyen d'un homme ordinaire, valide, suivant Lahire, est de 70 kilogrammes. Les physiciens ne sont pas d'accord sur la charge moyenne que peut porter un homme, ni sur ce qu'ils appellent son *moment statique* (poids que l'homme peut élever à une hauteur donnée en une 2ᵉ). Borda l'évaluait à 36 kilogrammes élevés à 1 pied. Suivant Libes, la charge du soldat en marche est de 12 kilogrammes. » (PROUDHON).

varier son industrie d'un manière proportionnée aux différentes circonstances où il se trouve. Aussi, comme Galien, l'observe et, avant lui, Aristote : l'homme a reçu de la nature *les mains* comme un instrument universel propre à façonner et à mettre en œuvre les instruments particuliers qui lui sont nécessaires pour parvenir à ses fins. En effet : dans leurs opérations, les animaux soit-disants travailleurs, n'obéissent uniquement qu'à une impulsion aveugle, irrésistible et fatale, et n'emploient d'autres outils que leurs dents, leurs ongles, leur bec, leur estomac, leurs pattes ou leur queue ; tandis que l'homme invente et perfectionne des instruments de travail, et celui qui ne sait se servir d'un outil n'est qu'un être abortif, tranchons le mot : une bête ! Néanmoins, chaque homme éprouve le besoin et reconnaît la nécessité de se choisir, dans le travail, la spécialité qu'il juge être le plus en rapport avec son tempérament, son goût, son aptitude ou son inclination particulière : et dès lors il développe et dirige toute sa force et son habileté sur l'objet spécial de son choix. Plus la force d'un homme se concentre, se localise ou se spécialise, plus elle acquiert de développement, d'action ou d'énergie ; plus, au contraire, elle se généralise ou se divise, moins elle a d'intensité dans chacun des organes pris à part.

En conséquence de ces faits d'observation scientifique, il nous est permis de considérer comme une chose possible, ainsi qu'on l'a démontré dans ces derniers temps, de mesurer avec une certaine exactitude la force de traction des insectes ou animaux invertébrés ; car il est avéré, aujourd'hui, que les insectes fouisseurs sont doués d'une force de poussée parfaitement identique entre tous les individus d'une même espèce, et qu'il n'en est pas autrement pour la force d'élévation que possèdent les insectes ailés. C'est ainsi, d'ailleurs, qu'on a posé ce principe, déduit de nombreuses expériences : — dans un même groupe d'insectes, l'intensité de la force est toujours en raison inverse du poids ; c'est-à-dire, que : de deux insectes appartenant à un même groupe, le plus petit présente la plus grande force. — Or, la force des insectes étant d'autant plus considérable que leur taille et leur poids sont plus faibles, il est donc très évident que, toutes choses égales, d'ailleurs, la force musculaire des insectes est parfaitement identique chez tous les individus d'un même groupe (1). Or, vous avez très bien reconnu,

---

(1) Cette apparente différence de force entre les individus d'une même espèce d'insectes, n'existe en réalité que dans le rapport du *poids mort* au *poids utile*, et par

Messieurs, que les choses ne se passent pas ainsi dans l'espèce humaine, et que la force de l'homme affecte autant de formes différentes bien qu'équivalentes, qu'il y a dans la Société d'aptitudes ou de spécialités, de talents particuliers ou de fonctions diverses ; donc, il est bien difficile, pour ne pas dire impossible, que le *dynamomètre de Régnier* nous donne la mesure, je ne dirai pas exacte, mais seulement approximative de l'énergie virile modifiée dans chaque individu du sexe masculin. Je cite un exemple sur mille : à la suite de ses exercices professionnels, un danseur possède dans les jarrets la plus grande intensité de sa force physique, et n'a dans les bras que la force suffisante pour tirer les 55 kilogrammes du *dynamomètre* en question, il est donc entièrement impossible à cet homme de parvenir à tirer le poids de son propre corps qui est, avons-nous dit, de 63 kilogrammes. Mais, contrairement à celui-ci, un autre homme pêche par la base : la débilité relative de ses jambes ne lui permet pas de tirer les 55 kilogrammes, du *dynamomètre* dont il s'agit ; néanmoins, la plus grande portion de son énergie virile étant passée dans ses bras, il tire avec la plus grande facilité les 63 kilogrammes du poids de son corps. Tout cela, Messieurs, aurait-il moins d'évidence qu'un axiome de géométrie ? Et trouveriez-vous que la supériorité de la force serait plutôt d'un côté que de l'autre ? Pour moi je ne crains pas d'affirmer quelle ne se trouve nulle part, car la force des bras, selon moi, équivaut à celle des jambes. Mais voyons d'autres faits : j'ai dit, dans mon premier discours, que la force corporelle ne fait jamais défaut à celui qui en a besoin pour remplir sa fonction sociale ou, en termes plus communs, pour exercer son métier. La preuve est facile à donner : voit-on le fils du paysan, par exemple, ne pas succéder à son père par défaut d'énergie vitale ? Le fils du portefaix, celui du colporteur, celui du marin, celui du maçon, celui du menuisier, voire même celui du bateleur (sauf quelques cas accidentels) renoncent-ils à l'état de leur père, par raison de débilité physique ? Poser ainsi la question, c'est y répondre.

S'il est un fait biologique aussi positif qu'incontroversable, c'est que : les organes se fortifient par l'exercice et s'atrophient faute d'usage. Il suit naturellement de ce principe solidement établi, que la puissance virile se manifeste constamment dans les organes qui sont le plus fréquemment mis en jeu. C'est ainsi que chaque

---

suite, dans la pression et le déplacement plus ou moins considérables de l'air atmosphérique.

art, chaque industrie, chaque métier, impriment à ceux qui les exercent une sorte de marque de fabrique, si j'ose ainsi m'exprimer ; c'est-à-dire, un développement plus ou moins considérable de force dans tel ou tel organe particulier, mais toujours au détriment du reste de l'organisme. Citons quelques exemples : la force physique chez le tragédien, le chanteur, le danseur, le forgeron, et le portefaix, se présente sous autant de physionomies particulières, caractéristiques et distinctes : si bien qu'il serait aussi impossible à un danseur, par exemple, de faire la besogne d'un forgeron, qu'à celui-ci d'exécuter les bondissements du danseur, sans un exercice préalable, de même si le portefaix aux robustes épaules se mettait à l'étaux de serrurier ou à l'enclume du forgeront, il ne tarderait pas à se sentir les membres entièrement pris par la crampe. Il est donc très facile de comprendre, Messieurs, que ces effets divers de la force humaine ne sont dus qu'à une différence du déplacement de l'activité virile entre ces divers travailleurs (1). Ajoutons à cela, que l'intensité du travail de l'orateur, du chanteur, du comédien, etc., équivaut à la durée du travail du cordonnier, du terrassier, du tailleur de pierres, etc.

Ici M. Barthelet, dont le génie ne nous étonne que par son absence ! M. Barthelet s'écrie : quoi ! l'homme n'est donc qu'une pâte molle ? Que M. Barthelet donne à l'homme tel sobriquet qu'il lui plaira, cela m'importe peu ; mais ce que je ne veux pas lui laisser ignorer plus longtemps, c'est ce fait d'expérience qui montre, à quiconque n'a pas entièrement perdu le sentiment des choses, que les modifications physiques auxquelles l'homme soumet les animaux et les plantes ; que cette action merveilleuse enfin qu'il exerce sur les êtres vivants, l'homme peut parfaitement l'exercer sur lui-même.

Au surplus, et puisqu'il ne s'agit ici que de la force corporelle, ignore-t-on que, par la seule influence de l'action du cerveau, l'énergie des contractions musculaires peut être portée à un degré

---

(1) M. De Pleuc soutient qu'il y a inégalité de force physique entre les travailleurs d'un même corps de métier. Je maintiens, moi, que tout forgeron, par exemple, et par cela seul qu'il est forgeron, a la force nécessaire pour être forgeron ! Or, *rien de nécessaire n'est rien*, dit l'axiome ; donc, cette prétendue inégalité de force entre les hommes d'une même profession, n'est qu'une chose entièrement dénuée de rapport ou de loi, et par conséquent une chose tout à fait anti-sociale et étrangère à la justice et à la liberté ; ce n'est enfin qu'un prétexte égoïste, qu'une injure gratuite, qu'une pure chicane d'avocat : rien de plus.

extraordinaire ? et que la force d'un homme en colère, celle des maniaques, mais surtout celle des fous furieux en sont de bien terribles exemples ?

Vous le voyez donc, messieurs, il résulte indubitablement de ces faits que la force ou activité vitale est réellement immensurable.

Au résumé : que l'énergie virile s'exhale par un effort d'enthousiasme, ou par des gestes et des éclats de voix, ou par l'exercice de la danse, de la lutte, de la boxe, de la marche, de la course, de la nage, de l'escrime, de l'équitation, du vélocipède, etc, ou par le labeur du paysan de nos campagnes, ou par le travail de l'ouvrier de nos fabriques, voire même par la débauche et la luxure des gens oisifs, etc, il n'en demeure pas moins bien avéré, que cette variété de directions que l'homme parvient à donner à sa vigueur masculine, n'est pas autre chose que l'activité différenciée de la puissance virile, c'est-à-dire. les modifications d'un même principe commun à tous les hommes.

Je m'en tiens à ces faits aussi simples que sûrs, lesquels prouvent d'une manière apodicque que M. Barthelet a eu grand tort de se donner l'air de réfuter une théorie dont il est incapable de sonder les profondeurs !...........................................
...................................................................
...................................................................
...................................................................
...................................................................
...................................................................
...................................................................
...................................................................
...................................................................
...................................................................
...................................................................
...................................................................
...................................................................
...................................................................
...................................................................
...................................................................
...................................................................
...................................................................
...................................................................
...................................................................
...................................................................
...................................................................
...................................................................
   .......  ..................................................

**Samedi 13 octobre 1869**

Vous nous payez ici d'excuses colorées ;
Et toutes vos raisons, Monsieur, sont trop tirées
(MOLIÈRE).

MESSIEURS,

Je ne me souviens qu'en ce moment seulement, Messieurs, que dans notre dernière réunion, l'honorable M. De Pleuc a demandé : si nos ardentes et méticuleuses recherches sur l'égalité de la force physique entre les hommes, pouvaient nous mener réellement à quelque chose de sérieux et d'utile (1)? M. De Pleuc, je le vois, a entièrement perdu de vue que je ne fais ici que continuer la réfutation de la très-pieuse théorie sur *la vraie et la fausse égalité* de notre très-illustrissime M. Adolphe Franck. Il n'est pas moins clair que M. De Pleuc a oublié, en outre, qu'en ma seule qualité de travailleur, je ne viens en ces lieux que pour y défendre les droits du travail. Or, le travail, d'après la définition qu'en donne l'économie politique elle-même, c'est : *l'action intelligente de l'homme sur la matière.*

Il suit irrécusablement de cette définition que, chez le vrai travailleur, la force physique ou plastique et la force intellectuelle ou spéculative se font constamment équilibre. De là cette haute

---

(1) *La force n'est que pour les bêtes*, disent les savants, les lettrés, les artistes et les riches : — Erreur ! grossière erreur ! !... tout travail ou tout produit humain résulte nécessairement d'une force motrice ou plastique unie à une force spéculative ou intellectuelle ; or, et par la distinction la plus glorieuse, l'homme seul a été fait travailleur, c'est-à-dire producteur ou créateur ; donc, la force ou puissance physique sagement dirigée ou utilement employée est le signe hautement caractéristique de l'homme et nullement celui de la bête. « Ne dédaignons pas, en outre, la vigueur corporelle, surtout dans les jeunes générations, parce qu'elle est en général le signe d'une constitution robuste, et que de tous les biens physiques que l'homme, riche ou pauvre, puisse posséder sur la terre, le plus précieux, sans contredit, est la santé. » (E. Levasseur). — D'ailleurs, il est reconnu que la force corporelle engendre une foule de qualités, telles que : agilité, ardeur, émulation, bonté, franchise, courage, etc.

nécessité de donner aux classes laborieuses une éducation tout à la fois littéraire et scientifique, industrielle et professionnelle. Mais, je le vois encore, M. De Pleuc se figure, comme tant d'autres, que la Providence a établi une liaison étroite entre l'esprit d'un homme et la main d'un autre homme ; il parait que notre verbeux avocat n'aperçoit dans la société humaine que des *paralytiques* dirigeant des *aveugles* et, qu'en conséquence, deux hommes n'en font qu'un. La raison et l'expérience nous montrent cependant et en dépit de cette incroyable arithmétique que, généralement, l'homme de science pure n'est qu'un abstracteur, et que l'homme dont tout le travail consiste en une aveugle pratique n'est qu'un automate ; tandis que l'homme positif, l'homme vraiment homme, n'est que celui qui a atteint le complément de sa nature et qui réunit l'analyse et la synthèse, la théorie et l'expérience, c'est-à-dire, celui chez qui la pensée est toujours adéquate à la main, et qui sait, lui-même, exécuter de sa main ce que sa tête a réfléchi. A tous ces faits incontestables. j'ajoute encore celui-ci : C'est que le travail, établi dans l'exercice de sa puissance, est la seule mesure, le seul *critérium* capable de fixer l'égalité des forces corporelles et intellectuelles entre les hommes (1).

J'allais encore oublier, Messieurs, que dans une de nos précédentes réunions, et à propos de la législation égalitaire qui, selon moi, régit l'univers, ce même M. De Pleuc prend la parole et me dit : si vous considérez l'égalité comme une chose tout-à-fait

---

(1) « ......... ... .. .............................................

..... Quant à l'intelligence proprement dite, comme elle se développe par le travail, elle se mesure et se rémunère comme le travail, à l'œuvre. Faites donc l'éducation et la science pour tous ; élevez par la polytechnie de l'apprentissage et l'ascension aux grades, le niveau des capacités ; qu'il n'y ait plus parmi vous d'aveugles, et vous verrez alors, éclairés par l'analyse, purgés de toute fascination aristocratique, spiritualiste et prédestinatienne, vous verrez combien c'est peu de chose que le génie dans la civilisation. » (Proudhon).

« Laissez donc, laissez croître ces jeunes intelligences qu'effrayent vos démonstrations de génie, et cessez de mendier pour le talent une indigne bagatelle, lorsque tant d'âmes sont privées de la spirituelle nourriture. Qui n'a pu concourir n'a point mérité le blâme, et nul n'a droit d'appeler lâche celui que la servitude a mutilé. Ah ! déliez cette main que la misère tient engourdie, donnez l'essor à cette pensée captive, placez cet homme dans les conditions où l'a voulu la nature, et attaquez-le dans sa force et dans sa jeunesse ; puis, s'il rougit devant ses pairs, si l'aspect de son semblable l'humilie, s'il s'épouvante de la plus noble tâche, frappez ! ce n'est pas un citoyen : c'est un esclave. » (Proudhon).

*relative*, je suis absolument de votre avis ; mais si, par contraire, vous prétendez que l'égalité est une loi absolue ! je repousse énergiquement votre proposition. J'ai, d'ailleurs, la plus profonde conviction, ajoute notre éloquent avocat, que la théorie de M. Adolphe Franck n'est que le néant de l'égalité ! et, par conséquent, le désespoir du juste !! Donc, conclut notre sublime orateur avec la même faconde : la sereine et consolante et vraie image de l'égalité est renfermée toute entière dans ce seul mot : *relativité!* car ce mot seulement est l'expression la plus pure, la plus simple et la plus élevée de l'égalité ! Si ce ne sont pas là, Messieurs, les propres paroles de M. De Pleuc, c'en est du moins l'exacte signification. Or, je le demande, en quoi le sens du mot *relativité* diffère-t-il de celui d'*inégalité?* et si, en outre, l'*égalité* n'est que *relative*, la *liberté*, la *vérité* et la *justice* doivent l'être aussi, car ces expressions : *liberté, égalité, justice* et *vérité* sont génératrices et compléments logiques les unes des autres et se supposent réciproquement ; or, je le demande encore, en quoi la liberté, la vérité et la justice *relatives*, diffèrent-elles de l'esclavage, du mensonge et de l'injustice? Il suit de là que, de deux choses l'une : ou l'égalité est absolue ! ou elle n'est pas ! et qu'il en est de même pour la liberté, la vérité et la justice. Donc, et puisque cette observation n'est susceptible d'aucune sorte de controverse, il s'agit uniquement pour nous, Messieurs, de noter ici que la *relativité* n'est qu'une trahison du principe des droits de l'homme et du citoyen.

D'ailleurs, le discours par trop prolixe que M. De Pleuc a prononcé en guise de réponse et contre la théorie de l'égalité Proudhonnienne, revient à dire exactement ceci : si vous envisagez les rayons d'un cercle ou d'une sphère, comme n'étant que *relativement égaux* entre eux, je partage entièrement votre manière de voir ; différemment, je trouve votre conclusion erronée, pour ne pas dire absurde ! et je propose, en conséquence, cette nouvelle formule géométrique : *les rayons d'un cercle ne sont que relativement égaux entre eux.* Et la preuve accablante que j'en apporte, c'est que la nature ne nous fournit aucun modèle de cercle dont les rayons soient absolument égaux. J'accorde volontiers à M. De Pleuc que le fait énoncé dans cette dernière phrase est indubitable, mais M. De Pleuc ne sait-il point que, malgré qu'un cercle parfait n'existe nulle part, cela n'empêche pas le géomètre de supposer un tel cercle, et d'y ramener autant que possible ses applications? et qu'il ferait, en effet, de la mauvaise géométrie s'il ne s'efforçait de se rapprocher le plus possible de cet idéal ?

Enfin, Messieurs, et pour achever ma réponse à ce *docteur de la relativité,* permettez-moi une dernière observation. Je dois rappeler ici que la question de l'égalité se présente, si je puis ainsi dire, sous une double face, dont l'une nous montre cette égalité comme n'étant qu'un pur caprice du destin ou un simple jeu de la nature ; et l'autre ne nous permet de proclamer l'égalité que comme une loi réelle, fondamentale et immuable de la nature entière et, par conséquent, de la société humaine qui est encore la nature, mais la nature ayant conscience d'elle-même. Or, dans le premier cas, comme le dit fort bien M. Adolphe Franck, et comme paraît le croire M. Jamet, *l'égalité* n'est qu'un joli défaut de la nature, un heureux effet du hasard, une simple particularité, rien ! Prétendre l'appliquer à la société, c'est donc rêverie, utopie, ignorance, myopie, sottise, hypocrisie ! dans le second cas et par cela seul qu'elle est une véritable loi, *l'égalité* est absolue ! car s'il est une vérité rigoureusement démontrée en mathématique, c'est bien sûrement celle qui nous apprend que toute loi vraie est absolue et n'excepte rien, et que toute exception n'est qu'un signe certain de l'aveuglement ou de la bêtise des hommes.

A tous ces faits positifs et indiscutables, M. De Pleuc me répond d'un air plus glorieux que la victoire : votre prétendue égalité n'est qu'une séduisante utopie, une chimère de spéculation qui n'existera jamais dans la pratique. Or, pour moi, Messieurs, et puisqu'il faut tout dire, je tiens d'abord que :

Cet oracle est *moins* sûr que celui de Calchas !

et qu'ensuite, c'est précisément parce que les accidents imprévus et la fatalité tendent toujours à détruire l'égalité entre les hommes, que la sagesse de la législation doit toujours tendre à la faire triompher.

Un mot encore et j'ai fini. Par une très-juste conséquence, et après avoir nié l'égalité, M. De Pleuc paraît définir la démocratie : une œuvre de charité, de dévouement et de philanthropie ; et la liberté n'est considérée, par ce parleur de profession, que comme un mot sonore qui arrive toujours fort à propos pour clore toute discussion sans importance. Certes, Messieurs, c'est bien ici le lieu de donner une définition courte, claire et précise du mot démocratie et de celui de liberté. La démocratie, dans la meilleure acception du mot : c'est l'an-archie (sans chef), c'est-à-dire la destitution de tout gouvernement ou l'élimination de tout pouvoir et, partant, de Dieu même, car tout pouvoir vient de Dieu ! en autres termes : la démocratie, c'est la guerre à Dieu et à l'auto-

rité (1), car, dit St-Paul, toute autorité est réglée par celle de Dieu! Pour moi donc, la démocratie est essentiellement humaine et partant antithéiste ; elle est enfin le règne de l'équité, de la justice ou de l'égalité entre les hommes ; car la justice elle-même peut se définir ainsi :

*Reconnaissance en autrui d'une personnalité égale à la nôtre.*

La justice, je le répète, est donc la faculté que nous avons de sentir notre *dignité* en autrui, et reciproquement la *dignité* d'autrui en nous ; et, disons-le vite, cette *dignité* nous ne la sentons réellement qu'en nos pareils, c'est-à-dire, qu'en des êtres égaux à nous, mais jamais en nos inférieurs ni en nos prétendus supérieurs. Donc, être juste, c'est faire aux autres ce que nous voulons que les autres nous fassent à nous-mêmes : ce qui implique nécessairement *respect réciproque* ou *égalité de considération* entre les personnes : respect ou égalité qui se convertit en réciprocité de service. C'est d'ailleurs ce qu'a voulu dire Montesquieu, dans son beau livre de l'*Esprit des Lois :* « la vertu chez le démocrate, dit-il, c'est l'esprit d'égalité ; c'est-à-dire qu'il ne veut point avoir la préséance sur les autres. » Chose absolument impossible entre des hommes socialement inégaux.

Et maintenant, me direz-vous, en quoi consiste la liberté ? ma réponse ne se fera pas attendre. « La liberté est la balance des droits et des devoirs : rendre un homme libre, c'est le balancer avec les autres ; c'est-à-dire, le mettre à leur niveau. » (Proudhon) — La liberté, c'est la justice en action ou en pratique — la liberté consiste à faire tout ce qu'il nous plaît, hors ce qui nuit aux autres. — Quiconque fait ce qu'il veut est heureux, dit Rousseau, s'il se suffit à lui-même. — être libre, c'est jouir de sa raison et de toutes ses facultés. — Etre libre, c'est jouir intégralement du produit de son travail et de sa science. Etre libre, c'est faire tout ce qu'on veut sans entraver la liberté de son semblable : car notre liberté n'a pour limite que la liberté d'autrui. — je dois ajouter, en outre, que : « La liberté est essentiellement active et agissante ; elle est le contradicteur éternel, l'indomptable insurgé, le génie de la révolte, l'infatigable défenseur du droit et de la justice ! » (Prou-

---

(1) La guerre à Dieu, à l'autorité ou à la nécessité, n'est pas autre chose que la guerre de la réflexion contre l'instinct ; la guerre de la raison qui prépare, observe, choisit et temporise contre la passion impétueuse et fatale ; enfin la guerre de la pensée progressive contre les sens, le cœur, l'imagination, la vanité, la paresse, l'ignorance, le doute, l'obéissance, etc.

dhon.) — la liberté, c'est donc la lutte, le combat, la résistance glorieuse, la victoire sur soi-même, sur les autres et sur toute la nature ; la liberté, c'est la négation de tout ce qui n'est pas elle ; la liberté enfin, c'est l'empire de l'esprit sur la matière, c'est-à-dire, le triomphe sur l'idolâtrie, sur la fatalité, sur les passions vaincues, sur Dieu, sur le mal ! Or, celui-là seul est le libre qui s'est affranchi du *rut* auquel la bête est fatalement soumise. — Celui-là seul est libre qui ne sait courber le front devant aucune idole, pas même devant l'image de son père ! — Celui-là seul est libre enfin, qui ne reconnaît au-dessus de lui ni homme, ni ange, ni démon ! !

Par contraire : il n'est pas libre celui qui se croit affranchi de toute vérité et de toute justice, c'est-à-dire, qui veut être plus libre que ne l'est la liberté elle-même : car la liberté qui n'a pas pour principe ou pour base le *juste* et le *vrai*, n'est pas la liberté : c'est l'arbitraire, la dépravation, le bestial égoïsme, la sottise et l'imbécilité !

Au surplus : tout échange ou tout commerce est un acte de liberté, à condition toutefois qu'il y ait égalité entre les contractrants. Ainsi, par exemple, il n'est pas libre : l'ouvrier civilisé qui donne sa brasse pour un morceau de pain, qui bâtit un palais pour coucher dans une écurie, qui fabrique les plus riches étoffes pour porter des haillons, qui produit tout ! pour se passer de tout ! !.. le maître pour lequel il travaille ne devenant pas son associé par l'échange de salaire et de service qui se fait entre eux, est son ennemi. » (Proudhon).

Je dois ajouter à cela et comme raison dernière, que le mot *progrès* n'implique seulement qu'une modification d'idée ou de principe; tandis qu'il faut entendre par le mot *révolution* : un changement du tout au tout ; c'est-à-dire, l'élimination radicale d'un principe ancien et, par conséquent, la substitution d'un nouveau principe, ou d'une nouvelle idée favorable à la marche ascensionnelle de la civilisation.

Je m'arrête, car je crois, Messieurs, avoir prouvé, outre mesure, que l'égalité est une loi absolue de toute la nature, et doit l être, par conséquent, de la société toute entière. Toutefois et si mes contradicteurs persistent à ne point se rendre à l'évidence, je les prie de bien vouloir, une fois pour toutes, me répondre par des raisons et non par des phrases (1).

---

(1) Ici M. Depleuc se lève et se met à parler : il parle ; il parle longuement ; il parle très longuement, et pour certaines personnes il est censé avoir dit quelque chose.

# A Monsieur Thourel (avocat).

Tenez ,
Pour un homme d'esprit, vraiment, vous m'étonnez !

(V. HUGO).

MONSIEUR,

A peine veniez-vous, de prendre connaissance de mon premier discours sur l'égalité que, dans une très longue conversation que nous eûmes ensemble, à ce sujet : vous parûtes m'accorder, Monsieur, que tous les hommes sont réellement égaux ; toutefois, je crus comprendre que, pour vous, un noble n'est égal qu'à un autre noble, et un manant qu'à un autre manant ; qu'un maître n'est égal qu'à un autre maître, et un ouvrier qu'à un autre ouvrier, etc. (1).

Au reste, comme vous m'avez fort engagé, Monsieur, de publier mon manuscrit afin, m'avez-vous dit, de pouvoir y répondre publiquement et sérieusement (2), je me rends donc à vos désirs. Conséquemment, je vous prie, Monsieur, d'avoir pour agréable de répondre simplement, nettement et catégoriquement aux questions suivantes :

Je vous demande donc, M. Thourel :

« Si vous croyez que l'inégalité des facultés entre les hommes *soit telle* qu'elle puisse légitimer une inégalité de prérogatives ?

---

Quant à moi, je l'avoue franchement, son trop long charabia n'a produit que du bruit à mes oreilles : plus j'écoutais, plus je croyais entendre un timbre plus ou moins sonore auquel un choc quelconque faisait rendre un assommant et interminable son. Il est vrai que si M. De Pleuc n'a pris la parole que pour ne point rester muet, il a très amplement atteint son but.

Charles CIVAL.

(1) Vous ne trouverez, sans doute, point mauvais que je confesse ici qu'en vous quittant, Monsieur, j'étais pleinement persuadé que vous n'aviez rien tant en horreur que l'égalité, et cependant vous veniez de vous déclarer carrément démocrate. Or, si pour vous la démocratie, c'est l'inégalité : seriez-vous donc assez bon de bien vouloir me dire, mais sur des raisons et non en déclamant, en quoi consiste la différence qui existe entre un démocrate et un aristocrate ?

(2) Vous m'avez même proposé, ce dont je me suis bien gardé d'accepter, de participer vous-même aux frais d'impression.

Si l'inégalité des fortunes, à laquelle l'inégalité des facultés sert de prétexte et qui crée dans la société de si redoutables antagonismes, n'est pas beaucoup plus l'œuvre du privilège, de la ruse et du hasard, que celle de la nature ?

Si le premier devoir des états n'est pas en conséquence de réparer, par les institutions de la mutualité et par un vaste système d'enseignement, les injures de la naissance et les accidents de la vie sociale ?

S'il ne vous semble pas, en conséquence, que le principe d'égalité devant la loi ait pour corollaire : 1° le principe d'égalité des races ; 2° le principe d'égalité des conditions ; 3° celui de l'égalité toujours plus approchée, bien que jamais réalisée, des fortunes ?

S'il vous paraît que ces principes, négation de tout privilège politique, économique et social, de toute acception de personnes et de races, de toute faveur du sort, de toute prééminence de classe, puissent être sérieusement appliqués et poursuivis sous un gouvernement autre que le gouvernement fédératif? » (PROUDHON).

Je vous demande encore, M. Thourel :

S'il est raisonnable et juste d'obéir aux prescriptions de la conscience et du droit, et d'adorer en même temps la divinité ?

S'il est raisonnable et juste de séparer le droit du devoir, et *vice versa?*

S'il est raisonnable et juste que toutes les *forces économiques* (division du travail, concurrence, force collective, échange, crédit, propriété, etc.) soient défavorables et nuisibles à la classe ouvrière ?

S'il est raisonnable et juste de diviser le travail en ses éléments constituants, c'est-à-dire de séparer ces deux facultés constitutives du travail : la conception et l'exécution ou la théorie et la pratique ?

S'il est raisonnable et juste que le salaire de l'ouvrier soit en rapport d'égalité avec son produit, c'est-à-dire, que le produit et le salaire représentent deux valeurs intrinsèques ou identiques ?

S'il est raisonnable et juste de revendiquer un droit d'Aubaine et, par conséquent, de repousser le prix légitime du travail ?

S'il est raisonnable et juste que l'ouvrier reste hors d'état de racheter son produit et celui de ses concitoyens ?

S'il est raisonnable et juste que le travail soit subordonné au capital ou, en d'autres termes : que le producteur s'humilie devant son produit ?

S'il est raisonnable et juste d'affirmer l'affranchissement du travail et, par conséquent, de vouloir l'émancipation de la classe ouvrière ?

S'il est raisonnable et juste que le travail soit servitude, la propriété fief et le commerce péage ?

S'il est raisonnable et juste que la propriété continue d'être le droit d'Aubaine, c'est-à-dire, le pouvoir de moissonner sans labourer, de récolter sans cultiver, de consommer sans produire, en un mot, de jouir sans peine ?

S'il est raisonnable et juste de créer l'équilibre économique à la place du prolétariat ?

S'il est raisonnable et juste que le bien-être dans la société ne soit que pour quelques-uns ?

S'il est raisonnable et juste de perpétuer le paupérisme (1)?

S'il est raisonnable et juste d'accepter le suffrage universel avec la hiérarchie des fonctionnaires ?

S'il est raisonnable et juste de se soumettre au droit des majorités, alors que la justice a pour principe que nul ne doit obéissance à la loi, s'il ne l'a lui-même et directement consentie ?

S'il est raisonnable et juste d'user d'un soi-disant suffrage universel qui se trouve sous la tutelle d'un gouvernement ?

---

(1) « Tant que nous n'avons considéré, dans la respiration, que la seule consommation de l'air, le sort du riche et celui du pauvre étaient le même ; car l'air appartient également à tous et ne coûte rien à personne ; l'homme de peine qui travaille davantage, jouit même plus complètement de ce bienfait de la nature. Mais maintenant que l'expérience nous apprend que la respiration est une véritable combustion, qui consume à chaque instant une portion de la substance de l'individu ; que cette consommation est d'autant plus grande que la circulation et la respiration sont plus accélérées ; qu'elle augmente à proportion que l'individu mène une vie plus laborieuse et plus active, une foule de considérations morales naissent comme d'elles-mêmes de ces résultats de la physique.

Par quelle fatalité arrive-t il que l'homme pauvre, qui vit du travail de ses bras qui est obligé de déployer, pour sa subsistance, tout ce que la nature lui a donné de forces, consomme plus que l'homme oisif, tandis que ce dernier a moins besoin de réparer ? Pourquoi, par un contraste choquant, l'homme riche jouit-il d'une abondance qui ne lui est pas physiquement nécessaire, et qui semblait destinée pour l'homme laborieux ? Gardons-nous cependant de calomnier la nature et de l'accuser des fautes qui ne tiennent, sans doute, qu'à nos institutions sociales. Contentons-nous de bénir la philosophie et l'humanité, qui se réunissent pour nous promettre des institutions sages, qui tendront à rapprocher les fortunes de l'égalité, à augmenter le prix du travail, à lui assurer sa juste récompense !.......... »

(Discours sur la respiration des animaux par Lavoisier).

S'il est raisonnable et juste de prendre la famille pour type de la société ?

S'il est raisonnable et juste qu'en fait de crédit, l'ouvrier ne connaisse que *la taille du boulanger et le Mont-de-Piété ?*

S'il est raisonnable et juste que le travail soit libre (1), les spécialités professionnelles libres, les transactions libres, le commerce libre, le crédit libre, la science libre, la conscience libre, la pensée et la parole libres. Je veux dire, s'il est juste que toutes ces choses soient d'un droit absolu, sans restriction ni contrôle ?

............................................................................
............................................................................

Et maintenant M. Thourel : que vous répondiez ou que vous ne répondiez pas à ces questions, votre silence sera, pour nous, tout aussi éloquent que vos paroles, et dans l'un comme dans l'autre cas, nous saurons toujours qui vous êtes ! ce que vous voulez ! et où vous allez ! ! Nous saurons si, en effet, vous êtes l'ami de l'ordre et le défenseur du droit et de la justice, ou si, comme bien d'autres, vous ne vous faites républicain qu'en vue d'obtenir des voix.

CHARLES CIVAL.

------

(1) On sait que la liberté dans le travail, c'est l'association ou l'égalité des droits entre les travailleurs, et que là où ces droits sont méconnus ou méprisés il y a fatalement servitude et non liberté.

# M. Arthur Ballue.

Qu'en dis-tu ?

(Manlius, acte 4me, scène 4me).

Ainsi que M. le président l'avait annoncé dans la précédente réunion, je devais, aujourd'hui, continuer mes communications sur *l'égalité* : mais au moment de commencer la lecture d'un nouveau mémoire à ce sujet, M. Arthur Ballue dont j'ignorais le nom, la figure et la profession (1), se présente à moi et me dit : vous ne trouverez point du tout ridicule, Monsieur, qu'avant de vous laisser encore parler, je veuille d'abord répondre aux dissertations que vous avez faites déjà sur *l'égalité*. — Je cédai immédiatement mon siège à ce nouveau contradicteur qui, s'adressant *subito* à l'auditoire, lui tint à peu près ce langage : — Parler *d'égalité*, a-t-il dit, c'est soulever une question, non-seulement insoluble ; mais dangereuse, extrêmement dangereuse et qui, de plus, fait perdre de vue celle qui nous intéresse et qui seule devrait nous occuper, car seule elle renferme la vérité traditionnelle, logique et pratique ; je veux parler de l'inégalité même et partant de la grande hiérarchie des fonctions naturelles et sociales.

A la fin de la séance de samedi dernier, M. Cival s'est déclaré hardiment et franchement Proudhonnien ; je dois dire d'abord à ce propos que Proudhon n'est pas infaillible, et ensuite, qu'il n'y a pas de quoi être si fier de se faire le disciple d'un écrivain dont la logique est impraticable et auquel il arrive parfois d'abandonner les réalités et de s'égarer dans les nuages ; or, ce n'est malheureusement que dans ces régions nébuleuses et lointaines que M. Cival se plait à suivre et même à dépasser son maître. Il est assurément un fait acquis et patent : c'est que Proudhon ne parle de *l'égalité* qu'en passant et dans un moment de divagation ; c'est ainsi, par

---

(1) Je n'avais entrevu ce *Monsieur* qu'une seule fois et pendant quelques secondes seulement, au siège de la Ligue Marseillaise de l'enseignement.

exemple, que sur plus de quinze cents pages que contient son grand ouvrage : *de la justice dans la révolution et dans l'église*, il ne s'en trouve, en effet, que trois ou quatre spécialement consacrées à *l'égalité*. M. Cival a donc grand tort de faire dè cette question le commencement, le milieu et la fin de tous ses entretiens ! — Halte-là, M. Ballue, je vous arrête pour vous montrer, en premier lieu, que le fameux ouvrage que vous nous signalez renferme un chapitre qui a pour titre : *de l'égalité*, lequel ne contient pas moins de vingt pages. En second lieu, si vous aviez pris la peine de lire attentivement et consciencieusement l'auteur dont vous vous mêlez de parler vous sauriez, au moins, que pour lui : *égalité, c'est justice*! Et qu'en conséquence le mot *égalité* est écrit en lettre de feu dans chacune des quinze cents et tant de pages que contient l'immortel ouvrage précité. D'ailleurs, si vous parvenez, M. Arthur Ballue, à me montrer un seul livre, une seule brochure, un écrit quelconque de Proudhon, qui n'ait pas pour principe ou pour conclusion *l'égalité*, je consens à passer pour un rêveur, mais, en attendant, permettez-moi de vous tenir, Monsieur, pour un mystificateur.

Au surplus, je suis assez curieux de savoir comment M. Ballue s'y prendra pour nous prouver que l'auteur de ce fameux dilemme : « gouvernement ou non gouvernement » ne parle de *l'égalité* que d'une manière tout à fait transitoire et par inadvertance. — Le beau livre de la *justice* en main, M. Ballue lit ce passage : « L'inégalité, pour tout dire, ne vient pas de l'essence des choses, de leur intimité ; elle vient du dehors. Otez cette influence de hasard, et tout rentre dans *l'égalité absolue* ! » Voilà donc, s'écrie joyeusement M. Ballue, voilà donc Proudhon pris en flagrant délit de contradiction, car il conclut ici à *l'égalité absolue* ! et plus loin, il propose, comme unique moyen de diriger l'esprit dans la recherche de la vérité : « l'élimination de l'absolu ! » — M. Ballue affecte maintenant de confondre deux expressions totalement distinctes, et se trouve ainsi pris lui-même en flagrant délit d'hypocrisie. En effet, car le mot *absolu* pris adjectivement, comme l'a fait Proudhon en parlant de l'égalité, signifie que deux ou plusieurs choses ne se distinguant les unes des autres par aucun signe ou sur aucun point, sont foncièrement et absolument égales ou identiques, c'est-à-dire, parfaitement similaires, complètement symétriques, radicalement invariables ; tandis que pris substantivement le mot *absolu* n'exprime qu'une vérité hypothétique, une cause première, un principe ou élément pur, dénué de rapport et échappant, par conséquent, à l'analyse et à la synthèse, c'est-à-dire, à l'entendement. Quelques exemples rendront cela plus clair : les oscillations du pendule sont d'une égalité absolue (adjectif), mais ne sont pas l'absolu ! (substantif masculin). Car cette égalité n'est que la régularité parfaite et mesurable du mouvement ou série de la force ; tandis que l'absolu, c'est la force elle-même : c'est-à-dire, une chose inintelligible en soi et partant insondable ; une chose dont nous devons tenir compte, sans chercher cependant à la connaître dans son intimité, dans son essence. C'est donc ce dernier point que nous devons éliminer de la science positive, de la vraie science.

Les intervalles du pouls, ceux des battements du cœur, sont d'une égalité absolue (adjectif) ; mais ne sont pas l'absolu (substantif masculin) ! car l'égalité dans le temps ou la durée n'est que la série de l'éternité, seule chose accessible à notre intelligence ; tandis que l'absolu, c'est l'éternité elle-même. Ce n'est donc que sur la nature intime de l'éternité qu'il nous faut renoncer à toute enquête ; et c'est cette sage renonciation que Proudhon appelle *élimination de l'absolu !* C'est ce qu'exprime aussi cette fière parole : *Guerre à Dieu.*

On voit, par ce qui précède, de quelle manière les rédacteurs du *Peuple* savent rendre justice à celui qui pourtant est mort pour la justice.

De quel front, après cela, M. Arthur Ballue s'avise-t-il de reprocher au *R. P. Tissier* (le *Peuple* du 20 et 21 mars 1869), d'apprendre aux enfants du peuple à mépriser les philosophes, de *fausser le jugement de l'ouvrier simple et crédule ; de diminuer son estime pour d'honnêtes gens, sa légitime admiration pour les grands noms que le pays honore, et de ne lui laisser, en échange, ni une pensée généreuse, ni un conseil salutaire, ni le souvenir d'un enseignement élevé et vrai ?*

CHARLES CIVAL.

**Vendredi 19 Mars 1869**

## DE L'ÉGALITÉ DANS LA BEAUTÉ (1)

Qui ne sait que railler évite un vrai combat.
(RACINE Fils.)

...................................................................................................
...................................................................................................
...................................................................................................
........... « Demandez à un crapaud ce que c'est que la beauté, le grand
beau, le *to kalon* ? il vous répondra que c'est sa crapaude avec
deux gros yeux ronds sortant de sa petite tête, une gueule large
et plate, un ventre jaune, un dos brun. Interrogez un nègre de
Guinée, le beau est pour lui une peau noire huileuse, des yeux
enfoncés, un nez épaté. Interrogez le diable, il vous dira que le
beau est une paire de cornes, quatre griffes et une queue. Consultez
enfin les philosophes, ils vous répondront par du galimatias ; il
leur faut quelque chose de conforme à l'archétype du beau en
essence, au *to kalon*....................................................................
...................................................................................................
...................................................................................................
.................... Pour donner à quelque chose le nom de beauté, il
faut qu'elle vous cause de l'admiration et du plaisir !........ le
beau est très-relatif. »

Si Voltaire, en écrivant ce morceau, a voulu s'égayer par la
satire : je conviens, si l'on veut, que celle-ci pourrait figurer
parmi celles de Juvénal ; mais s'il a prétendu nous donner une
juste définition du beau ou de la beauté, je proteste énergiquement
contre cette étrange aberration d'un grand esprit. Toutefois, et
pour qu'on ne m'accuse pas de farder ou de polir ma conclusion,
je déclare immédiatement que l'expression *beauté relative*, dans
le sens que lui donne Voltaire, n'est qu'un déguisement de la

---

(1) Victime d'une ignoble cabale, je me suis vu contraint de renoncer à faire la
lecture de ce discours.

vérité ! Et pour prouver plus vitement et plus sûrement ce que j'avance, au lieu de commencer, comme l'a fait l'auteur du dictionnaire philosophique, par interroger un crapaud, un nègre, le diable et les philosophes ; (ce qui pourrait m'exposer à attendre trop longtemps leur réponse). Je me contenterai de m'adresser uniquement au sens commun, c'est-à-dire, à l'accord de la raison et de l'expérience. Or, et muni de ce *critérium*, je découvre d'abord cette vérité aphoristique et irréfragable, c'est que : tout ce qui sort des mains de la nature est essentiellement vrai, beau et utile. Ensuite, j'aperçois cette autre vérité non moins péremptoire, c'est que : cette même nature n'a pas donné aux bêtes la moindre faculté esthétique. Donc, il suit rigoureusement de cette double vérité : que le crapaud dont parle Voltaire (et il en est de même pour tous les animaux), n'étant ni poète, ni artiste, s'attache strictement au sexe et nullement à la beauté de sa crapaude. En d'autres termes : le sexe est non seulement le principe, mais encore la limite infranchissable des désirs ou, pour mieux dire, des besoins naturels et matériels qui poussent les bêtes à la conservation de leur espèce. Donc encore, la clairvoyance esthétique n'étant propre qu'à l'espèce humaine, tous les hommes possèdent la faculté de comparer et de distinguer ce qui leur paraît beau de ce qui leur semble laid. Néanmoins, ce choix ou cette préférence n'est généralement ou vulgairement fondé que sur un sentiment ou un préjugé particulier et non sur la raison des choses, non sur l'observation des faits positifs, non sur l'expérience. De là] cette fâcheuse conséquence : c'est que les hommes à imagination et chez lesquels le sens poétique a acquis un trop grand développement, osent comparer entre elles des beautés naturellement et foncièrement incomparables !. . . . . . . . . . . . . . . . . . . . . . . . . . . . . . . . . . . . . . . . . . . . . . . .

Ici, Messieurs, et afin d'être mieux compris, je dois céder la parole à un de nos plus célèbres naturalistes : « Pourquoi donc, dit Buffon faisant l'apologie de l'âne, pourquoi donc tant de mépris pour cet animal si bon, si patient, si sobre, si utile ? (1) Les hommes

---

(1) L'homme se croit un singe perfectionné, et trouve celui-ci horriblement laid. Or, nous voyons d'abord que ce prétendu perfectionnement ne repose que sur un principe purement hypothétique, et ensuite que cette soi-disant laideur n'est que le simple résultat d'une fausse comparaison et, partant, d'un décevant mirage. Or donc, ce qui, aux yeux de l'homme, dégrade le singe et le fait paraître une ébauche informe, le plus laid des animaux, n'est pas autre chose qu'un pur effet d'optique intellectuelle.

mépriseraient-ils, jusque dans les animaux, ceux qui les servent trop bien et à trop peu de frais ? On donne au cheval de l'éducation ; on le soigne, on l'instruit, on l'exerce ; tandis que l'âne, abandonné à la grossièreté du dernier des valets, ou à la malice des enfants, bien loin d'acquérir, ne peut que perdre par son éducation ; et s'il n'avait pas un grand fonds de bonnes qualités, il les perdrait en effet par la manière dont on le traite : il est le jouet, le plastron, le bardo des rustres qui le conduisent le bâton à la main, qui le frappent, le surchargent, l'excèdent sans précaution, sans ménagement. On ne fait pas attention que l'âne serait par lui-même, et pour nous, le premier, le plus beau, le mieux fait, le plus distingué des animaux, si dans le monde il n'y avait point de cheval ; il est le second au lieu d'être le premier, et par cela seul il semble n'être plus rien : c'est la comparaison qui le dégrade ; on le regarde ; on le juge, non pas en lui-même, mais relativement au cheval ; on oublie qu'il est âne, qu'il a toutes les qualités de sa nature, tous les dons attachés à son espèce, et on ne pense qu'à la figure et aux qualités du cheval, qui lui manquent, et qu'il ne doit pas avoir. » Il découle donc clairement, Messieurs, de ce que vient de dire l'immortel Buffon, qu'il ne peut y avoir de comparaison sérieuse ou raisonnable et de vraie relativité dans la beauté, qu'entre des êtres de même espèce ou de nature identique, mais modifiés toutefois par des influences extérieures et étrangères ; et qu'il est, par conséquent, bien ridicule et bien absurde de chercher dans un âne la beauté d'un cheval, car la saine raison veut qu'un âne soit absolument beau comme un âne et qu'un cheval soit absolument beau comme un cheval (1) : donc ces deux genres de beautés sont absolument distinctes et incomparables.

Il y a plus : un serpent, dit Proudhon, est beau à la raison et ce n'est que la conscience qui le trouve odieux et laid. Or,

---

Chose curieuse et bien digne de remarque : les mêmes hommes qui nient aveuglément et obstinément l'égalité entre les divers individus de leur espèce, persistent avec le même entêtement à se confondre et s'identifier avec les singes, qu'ils considèrent, en effet, comme une doublure de l'homme, ou pour mieux dire, comme un double emploi créé par la nature. Or, cette manière de voir est d'autant plus absurde que les faits les plus hautement intelligibles nous montrent que la nature ne connaît point de double jeu, et que le masque est d'invention humaine.

(1) J'affirme, en dépit de l'opinion de certains savants, que deux et deux font *absolument* quatre, et que la ligne droite est *absolument* le chemin le plus court d'un point à un autre.

appliquée au crapaud cette vérité ne perd rien de sa valeur, la beauté de ce batracien, trouvant, en effet, son analogue dans la grenouille, autre batracien que l'on a longtemps confondu avec le premier (1).

Or, s'il est reçu, aujourd'hui, de donner à certaines grenouilles l'épithète de belles, et si on refuse généralement le nom de beauté à un crapaud, quelque volumineux qu'il soit : on assure même que, contrairement à la grenouille, la laideur du crapaud augmente avec sa taille ou sa grosseur ; la raison de ce fait, messieurs, est très facile à expliquer, c'est que : pour vous, la beauté de la grenouille se confond avec l'idée d'un mets succulent et recherché ; tandis que la prétendue laideur du crapaud n'est qu'un sentiment produit par l'idée d'un principe nuisible et délétère (2). Il est donc certain que chez vous le sentiment domine la raison, et que cette prétendue laideur du crapaud n'est qu'une pure idéalité, car, en effet, sous le rapport de l'unité, de la variété, de la convenance, de la concordance, de la proportion, c'est-à-dire, de la forme canonique géométrique ou absolue, et partant de la réalité du type : la laideur n'existe pas plus chez le crapaud qu'ailleurs , et aux yeux de l'observateur-philosophe tous les êtres de la nature possèdent, en effet, le même degré de perfection ou de beauté ! ce qui signifie que la nature est belle pour la nature.

C'est ce qu'entendait précisément Mme Georges Sand, lorsqu'elle disait que : « Rien n'est petit pour celui devant lequel rien n'est grand, et rien n'est méprisable pour celui qui a tout créé. » En résumé : un crapaud est absolument beau comme un crapaud et non comme une rose ; tout comme une femme est absolument belle comme une femme et non comme une chauve-souris ; tout comme

---

(1) Je lis dans l'*Univers illustré* du 1er mai 1869. « S'il faut en croire, M Legros, le crapaud et la grenouille pourraient convoler en mariage et produire des métis batraciens, comme l'ânesse et le cheval produisent entre eux des métis mammifères.»

M. Legros appuie cette singulière théorie sur la trouvaille qu'il a faite dans les environs de Paris, d'un jeune batracien qui présente à la fois des caractères analogues à la grenouille et au crapaud.

M. Robin partage les opinions de M. Legros.

Je cite ce passage et m'abstiens de tout commentaire. On sait, d'ailleurs, que cette question a beaucoup occupé quelques savants en renom, tels que Spallanzani, Velpeau, Philippeaux, etc.

(2) La chair du crapaud est fort recherchée de certains peuples : les Hottentots surtout en sont très friands.

la vie est absolument belle comme la vie et non comme un cristal, etc. De même donc pour que le diable, cité par Voltaire, soit d'une beauté absolue, il doit posséder absolument la beauté du diable, mais nullement la beauté du bon Dieu : autrement il serait absolument le bon Dieu et ne serait, par conséquent, pas le diable.

Ce n'est pas tout : et certains théoriciens de la beauté physique prétendent même qu'il y a inégalité ou relativité de beauté, entre des lignes ou des figures purement géométriques. C'est ainsi que, d'après eux, l'ovale est préférable au cercle, le triangle au carré, la pyramide au cube, etc. Parce que, disent-ils, l'ovale, le triangle et la pyramide, présentent moins de symétrie ou d'uniformité que le cercle, le carré et le cube.

Or, remarquez, messieurs, que d'après cette fausse application du principe de la variété jointe à la simplicité : la femme ayant naturellement les formes arrondies, et l'homme présentant, au contraire, des formes anguleuses, celui-ci serait donc la plus belle moitié du genre humain ; ce qui, assurément, est inadmissible et absurde.

Au surplus : un miroir, dont la beauté ne réside, en effet, que dans l'uniformité même, c'est-à-dire, dans l'identité des parties ou leur monotonie, un miroir, dis-je, serait beaucoup moins beau qu'un *Kaleïdoscope* dont tout l'agrément consiste dans le nombre même et l'incohérence des parties ou des figures qu'offre cet instrument, disons mieux ce joujou. Cette comparaison est assez éloquente, je crois, et peut très bien se passer de commentaires.

Donc, toute l'erreur de cette bizarre théorie de la beauté physique, vient incontestablement de ce qu'au lieu de chercher la beauté d'un objet en lui-même, on compare cet objet avec un autre objet d'une tout autre nature, c'est-à-dire radicalement différent.

On insiste : le beau, dit-on, étant la *splendeur du vrai*, le resplendissement est en raison de la réalité resplendissante. Oui ! si l'on compare entre elles des choses de même nature ; non ! si l'on compare entre eux des objets de différentes espèces. Je vous accorde donc, Messieurs, qu'il y a moins de beauté, par exemple, chez l'homme sans instruction, que chez l'homme dont les facultés sont entièrement développées : ce dernier présentant, en effet, plus de choses que le premier. Mais je vous trouverais, Messieurs, bien ridicules et bien pauvres d'esprit, si vous alliez jusqu'à soutenir qu'un ver intestinal, par exemple, a plus de beauté qu'une opale orientale, celle-ci ne possédant réellement que des qualités physiques et inorganiques ; et l'autre offrant, en effet, des propriétés physiques, chimiques, physiologiques, biologiques, psycologiques, etc.

On revient à la charge : pour donner à quelque chose le nom de beauté, me répète-t-on, il faut qu'elle nous cause de l'admiration et du plaisir. Je maintiens, à mon tour, que cela est faux, et voici la raison que j'en donne : quelque suprème que soit l'admiration, quelque puissant que soit le plaisir, et quelque belle enfin que soit la femme qui, par sa seule présence, vous inspire ces sentiments paradisiaques, ces délicieuses pamoisons ou ces sublimes extases, il n'en est pas moins absolument incontestable que leur impression est fugitive et qu'avec l'habitude la beauté s'efface, le plaisir s'émousse, l'admiration s'évanouit; l'objet tant admiré devient vulgaire, insipide, déplaisant et, quelquefois même, dégoûtant.

Néanmoins et si, en réalité, la beauté de cette femme consiste dans la simplicité ou unité, la variété, le rapport, la proportion et la convenance de ton, de teint, de traits, de formes, de mouvements et de taille, toutes qualités essentiellement physiologiques et positives; si, dis-je, la beauté est une création de la nature et non de votre imagination, force vous est donc de convenir qu'à l'égard de cette femme, votre sentiment esthétique est en raison inverse de l'esprit philosophique, c'est-à-dire contraire à la vérité.

Ce n'est pas tout : et, quoiqu'en dise Voltaire, l'on peut très-bien éprouver du plaisir et de l'admiration à la vue d'une femme, ou seulement à son souvenir, sans que pour cela cette femme ait atteint le complément de son organisation, c'est-à-dire le perfectionnement de sa beauté. Ecoutez plutôt, messieurs, ce que dit, à ce propos, la spirituelle et gracieuse Eliante :

. . . . . . . . . . . . . . . . . . . . . . . . . . . . . . . . . . . . . . . .
Et l'on voit des amants toujours vanter leur choix.
Jamais leur passion n'y voit rien de blâmable,
Et dans l'objet aimé tout leur devient aimable ;
Ils comptent les défauts pour des perfections,
Et savent y donner de favorables noms.
La pâle est au jasmin en blancheur comparable ;
La noire à faire peur, une brune adorable ;
La maigre a de la taille et de la liberté ;
La grasse est, dans son port, pleine de majesté ;
La malpropre sur soi, de peu d'attraits chargée,
Est mise sous le nom de beauté négligée :
La géante paraît une déesse aux yeux ;
La naine, un abrégé des merveilles des cieux ;
L'orgueilleuse a le cœur digne d'une couronne ;
La fourbe a de l'esprit ; la sotte est toute bonne ;

La trop grande parleuse est d'agréable humeur ;
Et la muette garde une honnête pudeur.
C'est ainsi qu'un amant, dont l'ardeur est extrême,
Aime jusqu'aux défauts des personnes qu'il aime.

Il est facile de voir, Messieurs, que l'auteur de cet ingénieux discours a voulu et su faire ici la part de la raison et celle des sens.

Au surplus : Victor Hugo dit, en parlant de Mirabeau : « Sa tête avait une laideur grandiose. » Ce qui revient à dire que la laideur peut, comme la beauté, causer du plaisir et de l'admiration, mais ce qui est bien loin de prouver que la laideur soit naturelle ouinhérente et non accidentelle.

Enfin, pour moi, la *beauté* c'est la *série ou rapport dans l'unité, ayant pour fin l'utilité.* En termes plus détaillés, cela veut dire que *le beau ou la beauté consiste dans la convenance ou la concordance, la fonction et l'utilité des parties* (éléments, formes, organes, organismes, corps, qualités, facultés, propriétés, mouvements, etc.), *qui constituent tout être positif, réel et universel.*

J'affirme donc que le *rapport* est la condition suprême de toute *beauté*, et que *l'utilité* est la conséquence rigoureuse de cette première loi de la nature.

« Quand une pierre se forme dans ma vessie, dit Voltaire, c'est une mécanique admirable ! Des sucs pierreux passent petit à petit dans mon sang, ils filtrent dans les reins, passent par les urètres, se déposent dans ma vessie. s'y assemblent par une excellente attraction newtonienne, le caillou se forme, se grossit ; je souffre des maux mille fois pires que la mort par le plus bel arrangement du monde ; un chirurgien ayant perfectionné l'art inventé par Tubalcain, vient m'enfoncer un fer aigu et tranchant dans le périnée, saisit ma pierre avec ses pincettes, elle se brise sous ses efforts par un mécanisme nécessaire, et par le même mécanisme je meurs dans des tourments affreux ! » Tout cela, ajoute ce même Voltaire, est la suite évidente des principes physiques inaltérables ; tout cela est bien, tout cela est beau, car tout cela est l'ordre du monde, la loi des choses et de leurs rapports. — Trève d'ironie, je vous en prie, grand homme, et parlons sérieusement, s'il vous plait : Où voyez-vous que la formation d'un caillou dans le corps de l'homme, soit autre chose qu'une cause de perturbation et d'inéquilibre, c'est-à-dire, un fait purement anormal ? Où est, en outre. la nécessité, où est l'avantage qui résulte de ce phénomène anti-hygiénique et morbifique ? Et puisque cette concrétion lapidifique qui se produit dans l'organisme humain n'est qu'un accident et un inconvénient sans compensation, sans but, sans profit et sans utilité, comment pouvez-vous découvrir dans ce dérangement de l'économie le moindre signe de beauté ?

D'ailleurs, ce qui ne nous cause que de la peine ne mérite pas plus le nom de beauté, que ce qui ne nous cause que du plaisir ; car pour donner au plaisir comme à la douleur le nom de beauté, il faut que l'un comme l'autre produise quelque chose de nécessaire ou d'utile. C'est ainsi, par exemple, que dans la génération il y a de la jouissance et de la souffrance, mais il est, sans conteste, que ces deux sensations ont pour fin la perpétuité de l'espèce et partant l'*utilité*. Il suit de là que, et par cela seul qu'il est nécessaire, le mécanisme ou organisme de la procréation est admirable et beau comme tous les mécanismes de la nature.

Je dois ici prévenir une objection que l'on ne manquerait sûrement pas de me faire. Vous ne sauriez disconvenir, m'objecterait-on, qu'une petite ou une grande bouche, par exemple, remplit la même fonction, et fait le même usage qu'une bouche qui est proportionnée aux autres parties du corps. Or, et puisqu'une bouche ou petite ou grande, c'est-à-dire, défectueuse, n'offre pas une moindre *utilité* qu'une bouche qui n'est ni grande ni petite et qui, par conséquent, est en parfaite harmonie avec les autres traits du visage ; on ne voit guère que l'*utilité* entre pour quelque chose dans la beauté. J'avoue très-volontiers, Messieurs, qu'avec une bouche difforme on peut tout aussi bien qu'avec une bouche convenable : *respirer, bâiller, sourire, parler, caresser*, etc. Toutefois et par cela seul qu'avec une bouche bien faite ou jolie on peut satisfaire tous les besoins auxquels cet organe est destiné, je ne vois pas, à mon tour, que la *diffformité* entre pour quelque chose dans l'*utilité* d'une bouche, et je soutiens, en conséquence, que ce n'est nullement en vertu de sa difformité qu'une bouche est *utile*, mais bien malgré sa difformité.

Ce n'est pas tout, et, humainement parlant, il ne faut pas oublier que *plaire* est un besoin aussi naturel, aussi pressant, aussi impérieux que *rire, boire, manger, chanter, crier, tousser, cracher*, etc. Or, dire qu'une bouche est, ou grande ou petite, c'est avouer simplement qu'elle n'est pas en rapport avec les autres parties du visage ou, ce qui revient au même, qu'elle est désagréable et laide, qu'elle n'est donc point faite pour *plaire*, qu'elle ne peut, par conséquent, parvenir à toutes ses fins et, conséquemment encore, que cette déplaisance de la bouche est non-seulement inutile, mais nuisible et funeste. Il suit de là que, loin d'être inhérente à l'organisme, loin d'être *utile* à la conservation ou à l'entretien de la beauté de l'individu, la laideur n'en est qu'une mutilation, une contrefaçon, une charge, une caricature. Or, et puisque *rien de nécessaire n'est rien*, je conclus que toute laideur a une cause objective qui est étrangère et ne tient nullement à l'essence de l'individu, ou du moins de l'espèce à laquelle il appartient.

En conséquence de tout ce qui précède : ce qui constitue la beauté, le vrai beau, le *to Kalon* n'est nullement, Messieurs, la *relativité*, mais fort bien la *série* parfaite des lignes ou des formes corporelles déterminées par le type. En d'autres termes : la beauté est une simplicité harmonique et propre à tous les êtres qui n'ont pas été soustraits aux lois de leur organisation. Or, le mot beauté suppose nécessairement, unité, variété, ordonnance, proportion, concordance, convenance, accord, en un mot : rapport exact non-seulement de toutes les parties entre elles, mais de chaque partie avec le tout (1). Or, il est sans conteste qu'en principe il n'existe pas un seul type d'être créé dépourvu de cette condition suprême ; donc, chaque type d'être, possédant une harmonie propre à sa destinée et à sa fin : tout être créé n'est incontestablement que l'expression d'une beauté absolue et sans pareille dans la nature. Ce qui signifie, en d'autres termes, que : dans la nature rien n'est laid, rien n'est mauvais en soi, ni comme substance, ni comme puissance, ni comme forme, et que tout ce qui existe enfin est beau et bon dans son essence.

« Ce qui a fait divaguer ici les métaphisiciens, c'est d'avoir pris une faculté d'aperception pour une faculté de création ; de ce que nous avons, par privilège, la faculté d'apercevoir la beauté en nous-mêmes et dans la nature, ils ont conclu que la beauté n'existait qu'en notre esprit ; ce qui revient à dire que la lumière, n'existant pas pour les aveugles, est une conception des clairvoyants. »

(PROUDHON).

Enfin un seul exemple que je choisirai dans le règne minéral, suffira pour étayer solidement et inébranlablement la vérité à l'égard de la beauté. S'il est un fait patent et irrévocable, c'est que les qualités constitutives du diamant, telles que : densité, dureté, éclat, limpidité, diaphanéïté, incoloration, pouvoir diathermane, pouvoir réfringent, puissance réfractive, polarisation, phosphores-

---

(1) Dans les arts du dessin et géométriquement parlant, on distingue dans la tête humaine quatre parties principales : l'œil, le nez, la bouche et l'oreille ; et il existe un tel rapport entre elles, qu'il suffit de déterminer la grandeur d'une de ces parties pour fixer celle des trois autres et, par suite, celle de la tête entière.

cence, électricité, etc., ne sont absolument qu'une seule et même chose, à savoir : *le diamant*. En termes différents : le mot *diamant* équivaut à l'énumération de ses éléments constituants qui sont, avons-nous dit : la densité, dureté, etc., etc. Or, je défie les trissotins des deux hémisphères de me prouver que l'union ou la combinaison de toutes les qualités adamantines en virtualité ou en actualité, ne constituent pas la beauté propre, naturelle, distinctive, réelle et absolue du *diamant*, c'est-à-dire, que la beauté concrète, intrinsèque et parfaite de cette *gemme précieuse* n'est pas rigoureusement déterminée par le concours, l'inhérence et l'irréductibilité de ses qualités adamantines, lesquelles en constituent la réalité ou existence absolue ! Tout cela est-il moins franc, moins positif qu'une équation d'algèbre ?

Au reste et généralement parlant, le beau est essentiellement lié à des règles qui ne sont elles-mêmes que la sanction du goût ; or, tout ce qui s'écarte de ses règles est vicieux, choquant et laid. D'ailleurs, et comme le dit avec juste raison le philosophe Buffier : « Si dans le genre humain les sentiments se trouvaient à peu près partagés sur un objet que les uns trouveraient beau et les autres laid, il me semble qu'il n'y aurait pas plus d'un côté que de l'autre de beauté ou de laideur véritable, et qu'il devrait absolument passer pour une beauté relative au goût de quelques uns, mais arbitraire en soi et par rapport au total du genre humain. »

Qu'on ne nous dise donc plus, et à tout propos, que : *des goûts et des couleurs, il ne faut pas discuter* ; car je vous montrerai tout à l'heure, messieurs, que ce précepte n'a un véritable sens qu'en vue de l'égalité et que, hors de l'égalité, il n'est que le refuge de l'ignorance en matière de goût. C'est la consolation de ceux qui veulent que toute connaissance théorique qu'ils n'ont pas soit tout à fait inutile et même ridicule ; il est vrai que cette manière de raisonner est très commode et n'exige pas de biens grands efforts intellectuels. »

Ceci posé : voyons de nouveau ce que disent, sur la question qui nous occupe, les adversaires de l'égalité, représentés par M. Adolphe Franck. Vous le savez déjà, Messieurs, ce savant affirme que : la beauté est un bien naturel que l'auteur de la nature a réparti d'une manière très inégale entre les personnes. Ainsi donc s'il fallait en croire ce raisonneur, la nature agirait sans principe, sans raison et sans but ; par simple caprice, fantaisie ou bizarrerie, et chaque individu de l'espèce humaine serait organisé d'une façon particulière et étrangère à l'espèce humaine ; c'est-à-dire, que chaque organisme humain résulterait de certaines lois physiques et physiologiques essentiellement spéciales et indépendantes de celles de tous les autres organismes humains : chose assurément contradictoire et absurde et qui donne, en quelque sorte, un démenti formel à ces principes généralement admis dans la science, que : la nature ne fait rien d'inutile, qu'elle opère toujours avec la moindre dépense possible de force, dans le moindre temps, par le chemin le plus court, et enfin avec la moindre action et la plus grande stabilité possible. Reprenons : la beauté, dit encore M. Franck, ne varie pas seulement d'une personne à une autre personne, mais d'une race à une autre race, d'un peuple à un autre peuple. Au sein du même peuple, et chez la même personne, elle varie à chaque instant. — Ici l'illustre membre de l'Institut n'a pas voulu ou n'a pas su s'apercevoir que c'est précisément parce que la beauté est inconstante, irrégulière ou inégale entre les personnes, les races et les peuples, que cette inconstance, irrégularité ou inégalité superficielle, n'est due qu'à l'influence du temps, du lieu et du milieu où naissent et vivent les personnes, les races et les peuples. Chose à noter : pour M. Franck, la *variété* dans la beauté, c'est la laideur. — La laideur, ajoute ce même savant, ne peut être un sujet de chagrin pour les honnêtes gens, car à la laideur du visage nous pouvons opposer la beauté de l'âme. — Voilà certainement, Messieurs, un raisonnement qui n'est ni moins clair, ni moins transparent que la lumière et qui nous apprend, non sans nous étonner beaucoup, que la *laideur est une variété de la beauté*. Franchement, Messieurs, ne vous paraît-il pas que cette définition du mot *variété* est par trop singulière ? Et qu'autant vaudrait dire que : l'exception est une *variété* de la loi, ou que la maladie est une *variété* de la santé, ou encore, que l'erreur est une *variété* de la vérité, ou bien que la stupidité est une *variété* de l'esprit ? Décidément, les champions de l'inégalité ont fait secte contre le sens commun, qui leur crie assez haut cependant que la *variété*, équivalence ou diversité dans les choses relève immédiatement de la notion d'*égalité*. C'est ce que comprenait parfaitement le célèbre Fontenelle, lorsqu'il disait, que : la nature a le secret merveilleux de diversifier toutes choses, et de les égaler en même temps par les compensations. Or, j'ai donné moi-même la définition suivante de l'égalité : *diversité dans l'unité ou équivalence dans la variété*. Donc, le mot variété, appliqué aux personnes ou aux choses, suppose nécessairement une parfaite égalité de valeur, entre des qualités ou des beautés diverses ; c'est-à-dire, des qualités ou des beautés non similaires, non uniformes, non identiques. Il suit de là que, n'en déplaise aux admirateurs de l'inégalité, ce n'est nullement la laideur qui est une variété de la beauté, mais fort bien la beauté elle-même qui se présente sous

différents aspects, sous diverses physionomies également agréables, également aimables, également estimables, également belles ! Donc, la beauté comme l'intelligence n'est pas, pour nous, susceptible du plus ou du moins : elle est, ou elle n'est point ! Ce qui revient à dire, qu'elle *varie* qualitativement et non quantitativement. C'est ainsi, par exemple, qu'il y a *variété* et, partant, égalité de beauté, entre une beauté blonde et une beauté brune ; entre une beauté géorgienne et une beauté mauresque ; entre une beauté italienne et une beauté allemande ; entre une beauté anglaise et une beauté espagnole ; entre une beauté marseillaise et une beauté parisienne, etc. (1). D'ailleurs, Messieurs, consultons vite ici l'homme le plus expert en la matière. « Dans les contrées extrêmes, où tout est blanc et où tout est noir, dit le judicieux Maupertuis, n'y a-t-il pas trop d'uniformité ? Et le mélange ne produirait-il pas des beautés nouvelles ? C'est sur les bords de la Seine qu'on trouve cette heureuse variété : dans les jardins du Louvre, un beau jour d'été, vous verrez tout ce que la terre entière peut produire de merveilles. Une brune aux yeux noirs brille de tout le feu des beautés du midi ; des yeux bleus adoucissent les traits d'une autre : Ces yeux portent partout où ils sont les charmes de la blonde. Des cheveux châtains paraissent être ceux de la nation. La française n'a ni la vivacité de celles que le soleil brûle, ni la langueur de celles qu'il n'échauffe pas : mais elle a tout ce qui les fait plaire. Quel éclat accompagne celle-ci ! Elle paraît faite d'albâtre, d'or et d'azur ; j'aime en elle jusqu'aux erreurs de la nature, lorsqu'elle a un peu outré la couleur de ses cheveux ; elle a voulu la dédommager par une nouvelle teinte de blanc, d'un tort qu'elle ne lui a point fait. Beauté, qui craignez que ce soit un défaut, n'ayez point recours à la poudre ; laissez s'étendre les roses de votre teint ; laissez-les porter la vie jusques dans vos cheveux.......
. . . . . . . . . . . . . . . . . . . . . . . . . . . . . . . . . . . . . . . . . . . . . . . . . . . . . . .
J'ai vu des yeux verts dans cette foule de beautés, et je les reconnaissais de loin : ils ne ressemblaient ni à ceux des nations du Midi, ni à ceux des nations du Nord.

---

(1) « Ce sont nos misères sociales, nos iniquités et nos vices qui enlaidissent, qui meurtrissent la femme.............. ......................... ....................
Les femmes veulent être toujours jeunes, toujours belles : elles ont le sentiment de leur destinée. La laide, dans les conditions de la vie civilisée, n'existe pas plus que la sale ; c'est un être hors nature, qui appelle compassion ou châtiment. »

(PROUDHON.)

Dans ces jardins délicieux le nombre des beautés surpasse celui des fleurs : et il n'en est point qui, aux yeux de quelqu'un, ne l'emporte sur toutes les autres. »

De tous ces faits plausibles et certains il ressort indubitablement que la *variété* ainsi conçue ou définie, ce dicton vulgaire : *des goûts et des couleurs il ne faut pas discuter* ! devient seulement alors une vérité souveraine et inattaquable.

Entrons plus avant dans la question. Il est une chose, Messieurs, qu'on ne saurait me nier, c'est que : l'inégalité de beauté dans l'espèce humaine, est une vérité strictement relative, laquelle implique comme corrélatifs, et la nature géologique du sol, et l'influence climatérique, et un état ou une situation donnés de société, et mille circonstances particulières. Or, cette inégalité ne découle nullement d'une loi universelle, d'une véritable loi ; et la preuve invincible de cette assertion, c'est que : quelque divers qu'ils soient, tous les visages humains ont une certaine disposition ou un fond de beauté qui leur est essentiel et commun à tous, et qui implique nécessairement unité de principe ; tandis que je puis affirmer, sans crainte d'être démenti, qu'il n'existe aucun genre de difformité ou de laideur, qui ne soit autre chose qu'une particularité, un défaut ou une imperfection, et que, par conséquent, le type ou modèle achevé de la laideur humaine, n'a pas plus de réalité que d'idéalité. En effet, où est la raison ou la loi qui unit, par exemple, un nez plat et un estomac bossu ? Un teint blême et des yeux louches ? Un front déprimé et des épaules obliques ? Une bouche de travers et de longues oreilles ? Un cou raide et des jambes torses ? Une grosse tête et un corps exigu ? Une énorme mâchoire et une loupe sur la nuque ? Des mains couvertes de verrues et des pieds criblés de cors, etc. Je le répète donc : il est pleinement manifeste que la diversité dans la beauté, s'associe directement et immédiatement à l'unité d'un type primitif et normal, tandis que, parmi les innombrables difformités qui se présentent à nos observations, nous n'en voyons aucune qui se puisse ramener à un type primordial et parfait de laideur : ce qui prouve évidemment que toute défectuosité physique n'est qu'un fait accidentel, insolite, anormal ; et que la laideur humaine n'est qu'une pluralité sans unité.

Or, la première condition de la science étant de distinguer la loi générale des causes particulières qui peuvent en modifier l'effet, l'égalité de la beauté est donc une loi absolue de la nature ; et la laideur n'ayant pour unique cause que des influences étrangères, ou des actions extérieures, n'est donc qu'un écart, une aberration ou une anomalie de la nature, que l'homme a pour mission de prévenir, d'atténuer et de vaincre ou de faire disparaître (1)

En résumé : tout ce qui se fait dans la nature est dirigé par des principes ordonnés entre eux, et tend à maintenir l'ordre dans ces principes : tel est le plan de la nature. Or, et puisque la beauté physique d'une femme, par exemple, dépend de l'harmonie naturelle des parties constituantes de son organisation, la laideur, par conséquent, ne peut résulter que du dérangement qui trouble cette harmonie. D'où je conclus que la laideur n'est point une loi de la nature, en d'autres termes ; la laideur ne prouve nullement l'apparition d'une loi nouvelle, mais seulement la perversion et le dérangement d'une loi préexistante. C'est ce que sentait profondément le plus grand des peintres, Raphaël, lorsqu'il disait que l'art consiste à rendre les choses, non point comme elles sont, mais comme elles devraient être. Ce qui signifie, en d'autres mots : que l'art consiste à rendre les choses, non point comme nous les voyons ordinairement, mais comme la nature a eu intention de les faire. J'avoue, Messieurs, que je suis toujours surpris de voir qu'on persiste à méconnaître une vérité si simple et qu'on ait l'entêtement de ne point convenir de sa haute évidence.

En vain s'obstinerait-on à me répéter, comme on l'a fait tant de fois, qu'il serait impossible de trouver, sur l'arbre le plus feuillu, deux feuilles seulement qui soient parfaitement égales ! J'ai déjà répondu, par voie de brochure, que c'est justement, Messieurs, parce qu'on ne trouverait pas, sur le même arbre, deux feuilles qui soient mal faites de la même manière, et que chaque difformité, par conséquent, est particulière à chaque feuille d'un même arbre, que la laideur n'est point essentielle mais seulement accidentelle, et que l'inégalité enfin n'est point une loi de la nature ; car toute loi vraie implique nécessairement une disposition, une qualité générale ou universelle entre des objets ou des choses de la même espèce.

D'ailleurs, si au lieu d'expliquer perpétuellement le fait par le

_____

(1) Si la nature a destiné la femme à plaire à l'homme par ses agréments ou ses charmes, à le captiver par sa beauté afin de lui faire désirer de s'unir à elle : la laideur n'est donc qu'un état contre nature.

Quelles que soient, d'ailleurs, les inégalités de beauté que la fatalité laisse subsister entre les femmes, je soutiens et j'atteste que ce ne sont nullement ces inégalités qui multiplient le nombre des célibataires, et que l'on doit, par conséquent, chercher ailleurs la cause du non-mariage dans notre société actuelle.

fait même, on prenait la peine de regarder au fond des choses, on verrait partout, pour principe ou notion primitive : l'égalité, ou mieux l'identité absolue. Or, que l'on dégage donc, par la pensée, ce que les feuilles d'un arbre renferment de commun, et on découvrira ce qui fait la certitude de leur beauté à toutes, on reconnaîtra que cette beauté est absolue, on mettra en évidence la loi même de la nature.

Au reste, et puisque l'on convient unanimement que l'inégalité ne se manifeste que dans la laideur, force est donc d'avouer que la beauté ne réside que dans l'égalité même. De ces faits irrécusables il s'ensuit donc, Messieurs, que les innombrables défectuosités que l'on observe dans les individus d'une même espèce, ne prouvent absolument rien en faveur d'une loi d'inégalité ; car cette anomalie dont on prétend faire une loi s'explique d'elle-même, si l'on considère un moment que les dissemblances, singulièrement exagérées, d'ailleurs, que nous présentent les feuilles d'un même arbre, ne peuvent avoir d'autre cause originelle que celle des influences du monde extérieur ou des jeux du hasard, et que ce n'est donc là que le côté accidentel, factice du phénomène invoqué, mais que la pensée immanente qu'il couvre, c'est-à-dire les conditions primitives, essentielles, fondamentales, sont toujours fixes, invariables, immuables, absolues (1). Il est bien facile, en effet, d'observer et de saisir que : gênées, contrariées par les milieux divergents, hétérogènes dans lesquels elles naissent, vivent et se développent, ces feuilles primitivement, originellement et parfaitement semblables, acquièrent ou contractent, néanmoins, des distinctions ou, si l'on préfère, des inégalités superficielles qui ne détruisent, n'altèrent, ne dégradent ni ne changent en aucune façon le sens intime, la pensée, l'âme, la volonté ou principe créateur qui leur a donné l'être, le type, le dessin, la forme et la valeur !................
...................... Cette inégalité dont on fait tant de bruit ; que l'on défend avec tant de ruse et de violence, n'a donc que des limites fort restreintes, des effets très bornés, comme le hasard qui la produit, et l'on sait si le hasard n'a jamais soustrait un homme à la mort, ou jeté la perturbation dans l'harmonie de l'univers. Il est inutile de rien ajouter à ces conclusions, tant elles sont vraies et inattaquables.

---

(1) L'immobilité totale serait tellement contraire à la notion même de loi, que celle-ci caractérise partout la constance aperçue au milieu de la varité.

AUGUSTE COMTE.

D'ailleurs, « comme les plantes, les animaux sont modifiés par les changements dans les conditions d'existence. » Cuvier accepte cette vérité lorsqu'il écrit : — « Le développement des êtres organisés est plus ou moins prompt, plus ou moins étendu, selon que les circonstances lui sont plus ou moins favorables. » La chaleur, l'abondance et l'espèce de la nourriture, d'autres causes encore, y influent, et cette influence peut être générale sur tout le corps, ou partielle sur certains organes. » — L'illustre naturaliste parle, comme toujours, d'après l'autorité des faits : il avait suivi chez le renard l'action successive de ces influences du milieu ; il avait constaté chez cette espèce, du nord de l'Europe jusqu'à l'Egypte, sept ou huit modifications si intimément rattachées, si bien liées aux conditions des climats, qu'il les avait considérées comme l'expression de changements réalisés par les influences extérieures...
.............................................................
.................. le milieu n'influe pas seulement sur le pelage, il modifie les formes, la taille, les caractères extérieurs : les bêtes à cornes de l'Europe deviennent plus petites aux Indes Orientales ; le porc acquiert dans les contrées basses ses plus grandes dimensions ; sa taille se réduit avec l'altitude.

Au rapport de Bosman, les chiens européens, transportés dans la Côte-d'Or, s'y modifient d'une manière étrange : ils n'aboient plus, ils hurlent et glapissent ; la queue s'allonge, les oreilles se redressent comme chez la race native.

Les bœufs introduits au cap de Bonne-Espérance par les colons hollandais étaient lourds et paresseux ; sous le climat nouveau, ils sont devenus d'excellentes bêtes de course et de trait.

Depuis qu'on a établi en Angleterre et en France, des jardins d'acclimatation, les changements par l'influence du milieu s'y sont réalisés presque sous nos yeux.
.......... Aucune vérité n'est mieux établie en histoire naturelle que l'influence du climat sur les caractères superficiels des espèces animales, la taille, la couleur, les formes, la nature des téguments, des poils qui les recouvrent, etc.............. »

(Ernest FAIVRE).

Indépendamment de l'influence des agents physiques naturels : chaleur, lumière, électricité, humidité, etc., des circonstances chimiques de l'atmosphère et du sol ; des conditions climatologiques, géologiques et physiologiques ; la beauté typique ou native des êtres subit encore des modifications artificielles, des altérations plus ou moins profondes, par l'action que l'homme exerce et sur lui-même et sur tout ce qui l'environne. C'est ainsi que l'expérience a démontré depuis longtemps, que : chez tous les animaux retenus en domesticité ou détenus en captivité, les couleurs naturelles ou primitives ne s'exaltent jamais, et ne se modifient que pour s'atténuer, se dégrader, se nuancer et perdre leur symétrie. On a constaté que chez les oiseaux depuis longtemps domestiqués, les os des ailes pèsent moins et ceux des membres postérieurs plus, par rapport au po.ds total du squelette, que chez leurs congénères sauvages.

Au surplus : il est très bien avéré aujourd'hui que, dans la presque totalité des cas, la difformité est liée à un dérangement d'organes ; il est également reconnu que toute infirmité ne se produit que dans des conditions anormales ; qu'elle est toujours l'effet et l'indice de l'esclavage, de l'exploitation de l'homme par l'homme, du travail parcellaire, uniforme, monotone, pénible, répugnant, dégradant, abrutissant. En d'autres mots : tout défaut ou toute imperfection physique résulte manifestement des travaux et des occupations qui fatiguent, épuisent, exténuent, déforment, enlaidissent et abêtissent ; de l'ignorance, de l'hypocrisie, de la dépravation, de la mutilation, des privations, des veilles, de l'insalubrité, et par suite de l'affaiblissement du corps et de l'esprit, du chagrin, du désespoir, de la disette, de la misère ou du paupérisme. Or, et si Molière a raison d'assurer que :

L'or donne au plus laid certain charme pour plaire !

Boileau n'a pas tort d'affirmer que :

Tout devient affreux avec la pauvreté !

Entrons plus avant dans les faits, et pour simplifier la question, ne prenons que les visages humains pour démontrer que l'égalité est la loi de la beauté ! Laissons d'abord parler M. Michelet : « Ce fut un bonheur pour moi, dit-il, d'apprendre qu'en Haïti, par la liberté, le bien-être, la culture intelligente, la négresse disparaît, sans mélange même. Elle devient la vraie femme noire, au nez fin, aux lèvres minces ; même les cheveux se modifient.

Les traits gros et boursouflés du nègre des côtes d'Afrique sont (comme la boursouflure de l'hippopotame). L'effet de ce climat brûlant, qui, par saisons, est noyé de torrents d'eaux chaudes. Ces déluges comblent les vallées des débris qui s'y putréfient. La fermentation y fait gonfler, *lever*, toute chose, comme la pâte *lève* au four. Rien de tout cela dans les climats plus secs de l'Afrique centrale. L'affreuse anarchie de petites guerres et la traite qui désolent les côtes ne contribuent pas peu à cette laideur, et elle est la même dans les colonies d'Amérique avec l'abrutissement de l'esclavage (1). »

L'honnête et savant M. Michelet a certainement dû être au comble de ses souhaits, lorsqu'il y a quelque temps, M. Trémaux, qui a beaucoup étudié et beaucoup voyagé en Afrique, a présenté à l'académie des sciences divers mémoires dans lesquels ce savant voyageur prouve par des faits irréfutables, que, dans certaines circonstances, le nègre peut blanchir, et le blanc peut devenir nègre. M. Trémaux fait remarquer d'abord que la coloration et le changement des traits ne suivent pas une marche parallèle, et il cite comme preuve à l'appui, des peuplades très noires qui offrent de fort beaux traits, et d'autres beaucoup moins foncées qui sont très laides. D'après M. Trémaux, la coloration du teint paraît avoir pour cause principale l'action du soleil et des pluies tropicales (2),

---

(1) «Remarquez, en ce qui touche les *travailleurs noirs*, que la physiologie et l'ethnographie les reconnaissent comme étant de la même espèce que les blancs ; — que la religion les déclare ainsi que les blancs, enfants de Dieu et de l'Église, rachetés par le sang du même Christ, et conséquemment leurs frères spirituels ; — que la psychologie ne saisit aucune différence de constitution entre la conscience du nègre et celle du blanc, pas plus qu'entre l'entendement de celui-ci et l'entendement de celui-là ; — enfin ceci est prouvé par une expérience de tous les jours, qu'avec l'éducation et, au besoin, le croisement, la race noire peut donner des produits aussi remarquables par le talent, la moralité et l'industrie que la blanche, et que plus d'une fois déjà elle lui a été d'un inappréciable secours pour la retremper et la rajeunir. »

(PROUDHON).

(2) Il est un fait qu'on ne saurait révoquer en doute, c'est que : le diamant qui nous offre non-seulement toutes les couleurs proprement dites, mais encore toutes les nuances de ces couleurs, le diamant est, néanmoins, essentiellement incolore, limpide et diaphane. D'ailleurs, il est également démontré que tous les minéraux hyalins tels que : quartz, corindon, zircone, feldspath, gypse, phosphate, fluate et carbonate de chaux, etc., ne possèdent aucune couleur qui leur soit propre, et cependant ils présentent toutes les teintes imaginables. Or, chacun sait aussi que la peau humaine se montre sous les couleurs les plus tranchées, comme sous les plus nuancées ; force est donc de reconnaître, à peine de sottise et d'immoralité, que la peau de l'homme est naturellement incolore et pellucide, et que l'infinie variété de tons ou de teintes qu'elle présente à pour cause unique l'influence du dehors.

D'ailleurs, de deux choses l'une : ou toutes les couleurs et les nuances de noir, de gris, de jaune, de vert, de rouge, de brun, de blond, de blanc, etc., constituent tandis que la confortation des traits serait en rapport avec la nature géologique du sol.

De son côté, M. de Quatrefages, dans un cours d'anthropologie qu'il a fait dernièrement au Muséum, a également prouvé par des faits que les générations successives des nègres transportés dans les pays froids, y perdent graduellement du pigment noir de leur peau ; aux Etats-Unis, ils ne deviennent pas blancs, mais gris, et leurs muscles augmentent, en outre, de volume.

L'africain arrive aux Antilles avec tous les caractères du nègre, et toutefois, chez l'enfant créole né de nègre et négresse purs, ces caractères perdent de leur accentuation et s'atténuent d'une façon incontestable. La face en particulier cesse de rappeler un museau tandis que les formes et le corps se rapprochent de plus en plus du type blanc.

Enfin M. Lyell rapporte qu'entré dans deux églises de Savannah, exclusivement fréquentées par les nègres, il ne sentit rien, ni dans l'une ni dans l'autre, de l'odeur forte particulière à la race noire, et si caractéristique qu'elle permet de reconnaître un navire négrier mis hors de service depuis longtemps.

On constate encore d'autres modifications physiques et physiologiques chez des nègres transportés hors de leur pays natal.

M. Pruner-Bey s'est convaincu que le sang du noir devient épais et visqueux en Egypte, et qu'il devient dans la Louisiane très séreux, ce qui rappelle le sang des chlorotiques.

Les changements qui se manifestent chez les noirs transportés dans un milieu civilisé portent même sur les caractères psycologiques. Au Brésil, on interdit aux esclaves toute instruction, et cependant, dès les premières générations, on reconnaît chez eux une intelligence supérieure à celle de leur souche originelle.

Les races jaunes ne sont pas moins que les races noires soumises à l'action du milieu. D'après M. Froberville, a Bourbon et dans l'île de France, les Hindous, les Madécasses, les Malais, les nègres et les blancs eux-mêmes diminuent de taille dès la deuxième génération et forment ainsi autant de petites races.

Il découle logiquement, Messieurs, de tout ce que nous venons de dire, que l'organisme physique des êtres vivants est d'une remarquable souplesse, d'une étonnante flexibilité, et que toutes

---

autant de races particulières et distinctes les unes des autres, ou la différence de teint entre les hommes ne prouve absolument rien contre l'unité originelle de l'espèce humaine. Poser ainsi le problème, c'est l'avoir complètement résolu.

ces modifications vers la perfection de la beauté, ne sont réellement qu'une tendance à l'état normal, un retour à l'ordre, un rappel à la loi naturelle, par le développement de la civilisation ; c'est-à-dire, par le mouvement suivi, progressif et ascendant vers le bien-être et l'égalité ! Et que, conséquemment, la beauté seule est une loi, et la laideur n'est qu'une rencontre fortuite, une éventualité du hasard, un inconvénient, un accident qui, le plus souvent, ne nous sert qu'à mieux découvrir et constater la vraie beauté cachée sous cette apparence plus ou moins déplaisante ; sous cette enveloppe plus ou moins hideuse, plus ou moins blessante que nous appelons *laideur*. La Fontaine a dit :

> Quand l'eau courbe un bâton, ma raison le redresse,
> La raison décide en maîtresse ;
> Mes yeux, moyennant ce secours,
> Ne me trompent jamais en me mentant toujours.

Mais, dira quelqu'un, faut-il espérer qu'un jour tous les hommes ressembleront à l'Apollon et toutes les femmes à la Vénus ? Je ne suis pas forcé de répondre à cette question ; toutefois, et si je ne puis affirmer qu'un jour les hommes seront absolument affranchis de tout accident, exempts de toute maladie et partant invulnérables, puis-je ou dois-je pousser l'impertinence jusqu'à nier obstinément l'avenir de la médecine thérapeutique, de la zoologie, de la physiologie, de l'anthropologie, de la biologie, etc. Ainsi que les résultats heureux et positifs de la zoogénie, de la zootechnie, de la callipédie, de l'orthopédie, de la callisthénie, de la gymnastique, etc.? Or, et puisque cette négation serait aussi absurde qu'inique, force est donc de conclure que, de par la logique, la science et l'art : les défectuosités et les infirmités physiques doivent progressivement diminuer et se réduire à une minorité toujours décroissante (1).

---

(1) « Les sciences biologiques sont dans une phase de rénovation et de constitution ouverte au plus légitime espoir et qui rappelle l'état des sciences physicochimiques il y a un demi-siècle. L'homme qui a déjà commencé à dompter la matière minérale, est appelé dans un temps très-prochain à subjuguer la substance vivante. Augmenter ses richesses et ses jouissances a été et sera de plus en plus le prix de la première conquête ; diminuer de plus en plus ses douleurs, consolider et perfectionner ses organes, et prolonger sa vie, sera le prix de la seconde. Voilà ce que la biologie peut avec pleine certitude affirmer aujourd'hui !

Voilà donc, messieurs les ouvriers, tout ce que j'avais à répondre, en votre nom, aux objections qui nous ont été faites par quelques ardents sectateurs de la hiérarchie sociale. Il ressort, d'ailleurs, de ces éclaircissements que je suis aujourd'hui, comme hier, comme toujours, l'*utopiste* qui prétends, avec Proudhon, que tous les hommes sont naturellement libres, égaux et frères, et que mes contradicteurs sont les *gens de bien, de progrès et de justice* qui affirment, avec Aristote, que les hommes naissent, les uns pour commander, et les autres pour obéir, et que c'est la nature, par conséquent, qui produit les maîtres et les serviteurs où, ce qui est absolument la même chose : les tyrans et les esclaves ! !

CHARLES CIVAL.

---

Vaincre la maladie et faire reculer la mort ! Est-ce donc là un si petit intérêt, une si mince conquête, qu'un effort social pour en hâter l'évènement puisse être négligé ? Que le résultat soit méprisé des Dieux immortels, je le comprends . Mais des hommes... ! »                          ( Le Docteur BERTILLON. )

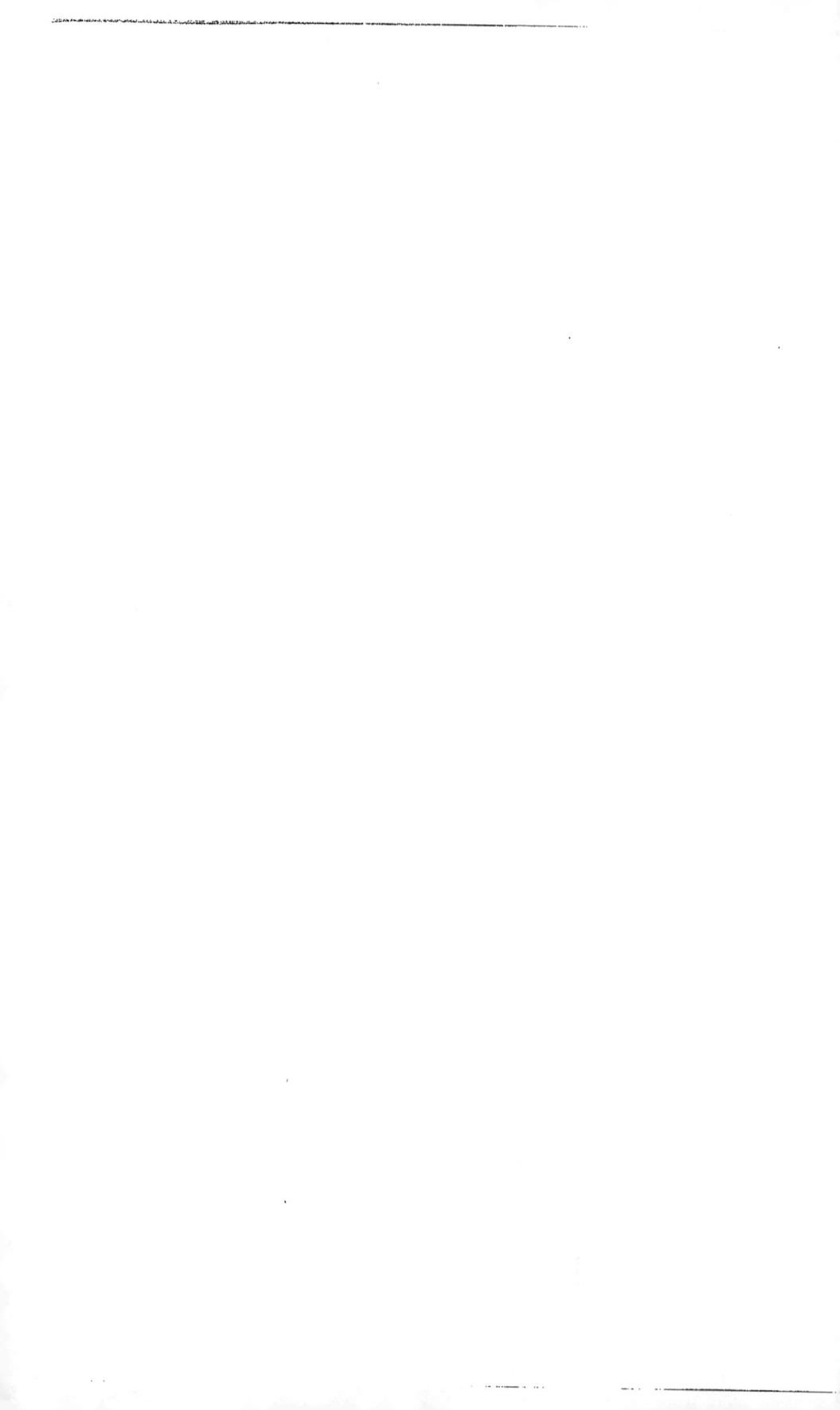

www.ingramcontent.com/pod-product-compliance
Lightning Source LLC
Chambersburg PA
CBHW071756200326
41520CB00013BA/3278